구글로 키우는
우리 아이
AI 리터러시

구글로
시작하는
디지털 수업

홍지연 지음

YoungJin.com Y.
영진닷컴

구글로 시작하는 디지털 수업

ISBN 978-89-314-6779-6

독자님의 의견을 받습니다

이 책을 구입한 독자님은 영진닷컴의 가장 중요한 비평가이자 조언가입니다. 저희 책의 장점과 문제점이 무엇인지, 어떤 책이 출판되기를 바라는지, 책을 더욱 알차게 꾸밀 수 있는 아이디어가 있으면 팩스나 이메일, 또는 우편으로 연락주시기 바랍니다. 의견을 주실 때에는 책 제목 및 독자님의 성함과 연락처(전화번호나 이메일)를 꼭 남겨 주시기 바랍니다. 독자님의 의견에 대해 바로 답변을 드리고, 또 독자님의 의견을 다음 책에 충분히 반영하도록 늘 노력하겠습니다.

파본이나 잘못된 도서는 구입처에서 교환 및 환불해드립니다.

이메일 : support@youngjin.com

주 소 : (우)08507 서울특별시 금천구 가산디지털1로 128 STX-V타워 4층 401호

등 록 : 2007. 4. 27. 제16-4189호

STAFF

저자 홍지연 | **총괄** 김태경 | **기획** 최윤정, 김연희 | **디자인·편집** 김효정 | **영업** 박준용, 임용수, 김도현 | **마케팅** 이승희, 김근주, 조민영, 김민지, 김도연, 김진희, 이현아 | **제작** 황장협 | **인쇄** 제이엠

구글 디지털 교육, 어떻게 시작할까요?

디지털 대전환 시대란 사물 인터넷, 클라우드 컴퓨팅, 인공지능, 빅데이터 등 디지털 신기술이 산업 혁신의 핵심 요소일 뿐 아니라, 국가경쟁력을 좌우하는 시대를 말합니다. 이러한 디지털 대전환을 통해 변화를 도모하고 가치를 창출하는 것이 곧 디지털 혁신(Digital Innovation)이며 이제는 디지털 대전환을 넘어 디지털 혁신을 통해 디지털 대도약의 시대로 나아가고 있습니다. 인공지능의 빠른 발전은 단순한 기계적 학습에 의한 단편적 기능을 넘어 인간의 고유한 영역이라 믿었던 창작에까지 손을 뻗고 있고, 디지털 전환의 가속화는 인간과 로봇의 공존 시대를 예고합니다. 이렇게 빠르게 변화하는 시대에 발맞춰 우리 교육에서도 디지털 인재를 양성하기 위한 다양한 교육정책을 마련하고 실행하고 있습니다.

디지털 인재 양성 종합 방안에 따르면 2022년에서 2026년까지 총 100만 디지털 인재를 양성한다고 합니다. 이를 위해 유치원에서는 유아의 디지털 경험 접근성을 제공하기 위한 디지털 기반 놀이환경 현장 지원 자료 및 온라인 교육 콘텐츠를 제작하고 보급합니다. 초, 중등 교육 과정에서는 보편적 공교육을 통한 디지털 리터러시를 함양하고자 정보 수업 시수를 확대하고, 학생 발달 단계에 따른 체험 및 탐구 중심의 코딩 교육 필수화와 디지털 교육을 실천합니다. 특히 초등학교에서는 디지털 격차 해소를 위한 리터러시 교육으로서 학교 교육 과정과 연계한 디지털 미디어 문해력 함양 교육 기반을 구축하고자 다양한 디지털 교육 프로그램을 마련하고 있습니다.

디지털 노마드(Digital Nomad) 세대라 불리는 우리 아이들은 어릴 때부터 다양한 디지털 환경에 노출되어 있습니다. 하지만 이는 어디까지나 디지털 콘텐츠를 소비하는 소비자로서 존재할 뿐 문제 해결을 위해 디지털 콘텐츠를 활용하거나 생산하는 창작자로까지 나아가지 못하고 있습니다. 따라서 우리 아이들 주변을 둘러싼 다양한 디지털 콘텐츠를 문제 해결 과정에 활용하고, 필요한 경우 새로운 디지털 콘텐츠를 창작해보는 경험이 필요합니다. 특히 처음 디지털 콘텐츠 창작자로서 경험하게 되는 초등학교에서의 디지털 리터러시 교육은 쉽고 재미있어야 하며 아이들에게 유의미한 것이어야 합니다. 이를 위해 <구글로 시작하는 디지털 수업> 책을 출간하게 되었습니다.

디지털 리터러시를 키우기 위해 우리 아이들은 어떤 경험을 해야 할까요? 먼저 기초적인 디지털 문서를 작성할 수 있어야 합니다. 디지털 공간에 자신의 생각을 보다 효과적으로 전달하기 위해서는 기초적인 디지털 문서 작성 능력이 필요하기 때문입니다. 이를 위해 구글 문서의 작성법을 알고 매일매일 디지털 문해력을 키워가기 위한 연습으로 일기문을 작성해 봅니다. 또한 원하는 주제의 기사문을 작성하고 이를 다른 사람들에게 공유하는 경험을 하도록 함으로써 비판적 글쓰기를 통한 창의적 사고력 향상은 물론 디지털 문서 작성 능력도 높일 수 있습니다. 구글 문서의 AI 기능을 활용해 음성으로 수업 노트를 작성해 보는 것 또한 우리 아이들이 앞으로 마주하게 될 디지털 수업 환경에서 꼭 필요한 능력이라 볼 수 있습니다.

기초적인 디지털 문서 작성 능력을 갖추었다면 본격적으로 데이터 수집 및 처리, 시각화 능력을 키울 수 있는 활동으로 나아갑니다. 디지털 사회에서 문제해결을 위한 데이터 수집 능력이야 말로 모든 문제해결과정의 시작이라 볼 수 있습니다. 생일 파티에 참석한 친구의 데이터를 구글 설문지를 통해 손쉽게 수집하고 학교에서 학습한 내용을 설문지로 퀴즈 게임을 만들어 해결해 가는 경험은 데이터를 어떻게 수집하고 처리할 수 있을지 기초적인 경험을 가능하게 합니다. 또한 스프레드시트를 활용해 용돈을 관리하는 경험, 여행 계획서를 작성해 보는 경험은 우리 아이들이 마주하는 세상에 꼭 필요한 문제해결능력 중 하나라고 볼 수 있습니다.

디지털 문서를 작성하는 역량, 데이터를 수집 및 처리, 시각화할 수 있는 역량을 갖추었다면 다음으로 필요한 역량은 무엇일까요? 바로 자신의 생각을 효과적으로 표현할 수 있는 디지털 의사소통 역량과 디자인 역량입니다. 구글 프레젠테이션을 활용하여 친구들과 협업을 통해 발표 자료를 만들고 실제로 발표를 해본다면 우리 아이들은 협업적 문제해결력은 물론 협력적 소통 역량 역시 키울 수 있습니다. 협력적 소통 역량은 2022 개정 교육과정에서 새롭게 강조되고 있는 핵심역량 중 하나로, 공동의 숙고 과정을 거쳐 합리적으로 의견을 공유하고 이를 검증함으로써 문제를 해결하는 집단 의사결정 능력이라 할 수 있습니다. 혼자 발표 자료를 준비하는 것이 아니라 모둠 친구들과 함께 만들어가는 과정 속에서 이러한 협력적 소통 역량을 키울 수 있습니다. 또한 다양한 구글 AI 에듀 콘텐츠들을 활용하면 디지털 콘텐츠를 만들 때 AI를 활용해 문제를 해결하는 역량뿐 아니라 디자인 역량 또한 함께 높일 수 있습니다.

디지털 인재를 키우기 위한 디지털 리터러시 교육은 결코 어렵거나 멀리 있는 것이 아닙니다. 디지털 세상에서 디지털 도구를 활용해 해결해야 할 문제를 보다 쉽고 효율적으로 해결해 보는 경험, 이를 시작함으로써 스스로 문제를 해결할 수 있는 역량을 키운다면 그것이 곧 디지털 인재 양성 교육일 것입니다. <구글로 시작하는 디지털 수업> 책에 소개된 다양한 활동을 하나씩 따라해 보고, 이를 응용해 자신만의 디지털 콘텐츠를 만들기 시작한다면 그것으로 디지털 리터러시를 키우기 위한 첫걸음은 충분합니다. 이 한 권의 책이 디지털 대전환을 넘어 디지털 대도약으로 넘어가는 지금 우리 아이들의 성장에 작은 보탬이 되기를 희망해 봅니다.

저자 **홍지연**

현 세종대학교 AI 융합대학원 겸임교수
현 초등컴퓨팅교사협회 연구개발팀장
한국교원대학교 컴퓨터교육학 박사

저서

영진닷컴

언플러그드 놀이 시리즈

즐거운 메이커 놀이 활동 시리즈

학교 수업이 즐거워지는
엔트리 코딩

알버트 AI로봇과 함께하는
즐거운 엔트리 코딩 [카드 코딩]

인공지능을 만나다 시리즈

◉ WHY? 코딩 워크북 예림당
◉ 코딩과학동화 시리즈 〈팜〉 지하농장편, 하늘농장편 길벗
◉ 소프트웨어 수업백과 상상박물관
◉ HELLO! EBS 소프트웨어 EBS 외 다수

구글 디지털 교육, 왜 해야 할까요?

01 : 학교에서 디지털 리터러시 교육이 이루어지고 있나요?

이전의 교육 과정에서는 디지털 리터러시라는 용어가 명시적으로 사용되지는 않았습니다. 다만, 미래 사회에 대비한 교육으로서 정보통신 활용 교육을 강조한다거나 스마트 교육이라는 용어로 사용되며 디지털 교과서 등을 활용한 교육 등이 시행되어 왔습니다. 2022 개정 교육과정에서는 미래 인재를 양성하기 위해 지속가능한 미래 및 불확실성에 대비한 교육으로서 디지털 및 생태 전환 교육, 민주시민 교육 등을 강조하고 있습니다. 또한 디지털 기반 교육을 명시하며 학생들이 반드시 갖춰야 할 기초 소양으로서 언어 소양, 수리 소양과 더불어 디지털 소양을 제시하고 있고, 이를 위한 다양한 과제를 추진하고 있습니다. 따라서 앞으로 학교 현장에 보다 활발하게 디지털 리터러시 교육이 시행될 것으로 보이며 이미 상당 부분 준비되고 있습니다.

02 : 구글을 선택한 이유는 무엇인가요?

<구글로 시작하는 디지털 수업>은 디지털 리터러시 교육을 처음 접하는 학생들 또는 어린 학습 자들을 위한 입문서라고 할 수 있습니다. 구글에서 제공하고 있는 많은 교육용 서비스들은 웹 기반으로 되어 있어 인터넷이 연결된 디지털 디바이스만 있다면 언제 어디서든 활용할 수 있습니다. 또한 구글 계정만 있으면 복잡한 절차나 비용 없이 이용할 수 있는 무료 앱이 많기 때문에 접근에 대한 어려움, 번거로움 없이 누구나 쉽게 활용할 수 있습니다. 처음 디지털 리터러시 교육을 시작하는 아이들에게 있어 이러한 접근성은 매우 중요한 문제입니다. 이는 실제 학교나 교육 현장에서 학생들을 대상으로 수업하는 교사들에게도 매우 중요한 부분입니다. 또한 구글은 전 세계에서 가장 많이 사용하는 글로벌 플랫폼으로서 우리 아이들에게 보다 세계적인 시각과 안목을 경험할 수 있도록 도와줍니다. 이러한 점들을 고려해 구글의 다양한 앱들을 활용한 디지털 리터러시 교육을 계획하였습니다.

03 : 디지털, AI 등이 강조되고 있는데 사교육을 시켜야 할까요?

AI, 빅데이터, IoT, 로봇, 3D 프린터 등 4차 산업혁명 시대의 최첨단 기술 발전은 우리의 일상 생활은 물론 사회, 문화, 정치, 경제, 교육 등 모든 것을 바꿔놓고 있습니다. 이렇게 급변하는 시대에 우리 아이들이 갖춰야 할 사고력 중 하나가 바로 컴퓨팅 사고력이며 이러한 컴퓨팅 사고력을 키워주기 위해 2015 개정 교육과정에서는 SW교육이 시작되었습니다. 또한 디지털 대전환 시대, 인공지능 시대를 맞아 2022 개정 교육과정에서는 컴퓨팅 사고력을 기초로 한 디지털·AI 교육이 시작됩니다. 이러한 교육정책의 변화를 담은 뉴스를 본 많은 학부모님들이 이와 관련된 사교육이라도 시켜야 하는지 궁금해합니다. 사교육에 대한 선택은 학부모님들의 몫이겠지만, 사교육을 시키기에 앞서 미래교육의 본질이 무엇인지를 곰곰이 생각해 볼 필요가 있습니다. 미래교육은 말 그대로 우리 아이들을 스스로 생각할 수 있는, 그래서 무엇인가 자신만의 새로운 것을 만들 수 있는 능력을 키우는 교육입니다. 따라서 우리 아이들의 생활이 곧 교육이고, 환경이 곧 역량이 됩니다. 손 닿을 곳에 항상 책을 가까이 두는 것, 무엇이라도 스스로 만들어 볼 수 있는 공간이 있도록 하는 것, 모르는 것이 있을 때 즉시 주변의 도움 또는 컴퓨터의 도움을 받아 지식을 습득할 수 있도록 하는 것, 아이의 상상력을 끊임없이 지지해 주는 것, 바로 이런 노력과 환경이 필요합니다. 사교육을 시키기에 앞서 체계적으로 공부할 수 있는 디지털 리터러시 교육 관련 책 한 권을 선물해 보면 어떨까요? 이런 작은 출발에서부터 시작해 보세요.

04 : 이것만은 주의해 주세요!

여기에 소개된 디지털 리터러시 교육 프로그램을 따라 하는 것만으로도 디지털 문서를 작성하는 능력, 데이터를 수집해 시각화하는 능력, 디지털 의사소통 능력 등을 키울 수 있습니다. 하지만 단순히 따라 하기만 하고 끝내기보다 나만의 아이디어를 더해 새로운 디지털 콘텐츠를 만들어보려는 노력이 필요합니다. 자신의 생각을 만들고, 그 생각을 현실로 만들기 위해 고민하고 시도하며 시행착오를 겪어보는 과정에서 문제해결력은 물론 창의적 사고력 또한 키울 수 있는 것입니다. 따라서 각 챕터마다 제시된 디지털 콘텐츠를 다 완성한 후 반드시 "나만의 디지털 콘텐츠"를 만들어 보도록 하세요.

05 ⋮ 디지털 리터러시 교육 정보

디릿(https://www.dilit.kr/)

부산시 교육청 디지털 리터러시 포털로 부산시 중학교 인정교과서인 '디지털 리터러시'를 지원합니다. 디지털 리터러시 교육과 미디어 교육을 위한 교육자료 정보, 디릿 교사 연수에 대한 정보, 다양한 디지털 리터러시 도구에 대한 소개 영상 등을 확인할 수 있습니다.

디지털배움터(https://www.디지털배움터.kr/main.do)

디지털 배움터는 고령층, 장애인, 다문화 가정 등 취약계층을 대상으로 복지관, 구청, 주민센터 등에서 집합 정보화 교육 및 온라인 교육을 진행합니다. 이와 관련된 다양한 정보를 얻을 수 있을 뿐 아니라 자신의 디지털 역량 수준을 진단하고 부족한 부분을 키우기 위한 맞춤형 교육과정의 정보도 얻을 수 있습니다.

초등컴퓨팅교사협회(http://www.hicomputing.org/)

초등컴퓨팅교사협회는 선생님들이 직접 운영하는 비영리재단으로 각종 디지털 교육 자료 및 정보, SW교육 및 AI 교육에 대한 정보와 자료를 무료로 얻을 수 있습니다. 교사와 일반인 등 성인을 대상으로 하는 온라인 웨비나가 상시 개설되며, 학생들을 위한 주니어스쿨과 캠프를 직접 운영하므로 홈페이지의 공지 사항을 수시로 확인하는 것이 좋습니다.

 **목차**

내가 만든 첫 디지털 문서

구글 계정을 만들어 로그인한 다음 구글 문서 도구를 활용해 문서를 작성하는 기초적인 방법을 알아보아요. 나의 일기를 디지털 문서로 기록할 수 있어요.

☐ **난이도**
★★★☆☆

☐ **소요 시간**
20분 이상

☐ **학습 영역**
디지털 문서
작성 능력

☐ **준비물**
PC 또는 노트북,
구글 계정

디지털 인재가 될 준비를 해요!   — ☐ ✕

- **활동 목표** 구글 계정을 만들고 구글 문서 사용법 익히기
- **활동 약속** 처음 시작이 어려울 때는 주변 어른의 도움 받기

성취 기준을 달성해요!   — ☐ ✕

관련 교육 과정 성취 기준	[2국03-04] 인상 깊었던 일이나 겪은 일에 대한 생각이나 느낌을 쓴다.
	[4국03-02] 시간의 흐름에 따라 사건이나 행동이 드러나게 글을 쓴다.
	[6국03-02] 목적이나 주제에 따라 알맞은 내용과 매체를 선정하여 글을 쓴다.
	[6실04-07] 소프트웨어가 적용된 사례를 찾아보고 우리 생활에 미치는 영향을 이해한다.
	[9정02-01] 디지털 정보의 속성과 특징을 이해하고 현실 세계에서 여러 가지 다른 형태로 표현되고 있는 자료와 정보를 디지털 형태로 표현한다.

✏️ **디지털 문서 작성 능력**

이 활동은 구글 계정을 만들고 구글 문서를 사용하는 기본 방법을 익히는 활동입니다. 구글 문서란 구글의 웹 기반 서비스로 인터넷과 구글 계정에 연결된 웹 브라우저만 있으면 언제 어디서든 문서를 작성할 수 있습니다. 이를 통해 디지털 세상에 필요한 디지털 문서 작성 능력을 키워 보세요.

구글 계정을 만들어요! − □ ✕

01 크롬 브라우저로 인터넷을 엽니다. 우측 상단에 있는 [로그인] 버튼을 클릭합니다.

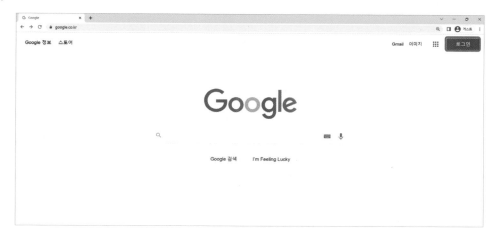

02 구글 계정이 이미 있다면 로그인을 하고 없다면 아래의 [계정 만들기]를 클릭합니다. [개인용]을
선택해 자신의 계정을 스스로 만들거나 부모님의 도움을 받아 자녀 계정을 만들도록 합니다.

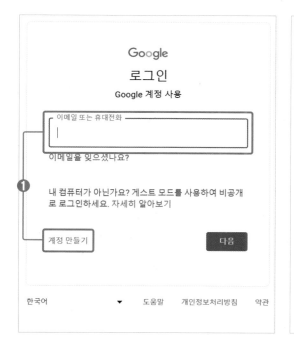

03 성과 이름을 입력하고 사용자 이름에 자신이 사용하고 싶은 구글 계정을 만듭니다. 자신이 기억할 수 있는 비밀번호를 입력한 뒤 [다음]을 클릭합니다. 전화번호, 복구 이메일 주소 등은 선택 사항이지만, 계정을 잊었을 때나 계정을 복구할 때 필요하므로 입력하는 것이 좋습니다.

04 전화번호를 입력하면 본인의 전화가 맞는지 확인하기 위해 6자리의 인증 코드가 발송됩니다. 핸드폰으로 전송된 인증코드를 입력한 뒤 [확인]을 클릭합니다.

05 화상 통화 및 메시지 수신 등의 서비스를 활용하고 싶다면 [예]를 클릭하고 필요 없다면 [건너뛰기]를 클릭합니다. 구글 서비스 약관이 길게 나옵니다. 약관의 내용을 확인하고 구글 서비스 약관 등에 동의한 후 [계정 만들기]를 클릭합니다.

06 계정 만들기가 완료되었습니다. 화면의 우측 상단에 있는 프로필을 클릭하면 자신의 이름과 계정 등을 확인할 수 있습니다.

문서를 작성해요! − □ ✕

01 프로필 왼쪽에 있는 [구글앱](⊞) 아이콘을 선택하면 구글 계정으로 이용할 수 있는 다양한 앱들이 보입니다. 아래로 드래그해 [문서]를 찾아 클릭합니다.

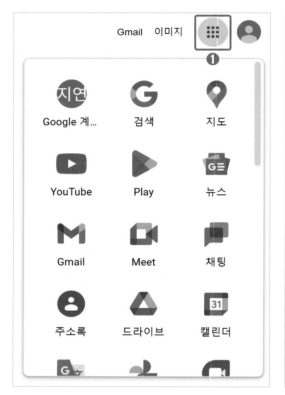 

02 구글 문서의 첫 페이지에는 다양한 템플릿이 보입니다. 새 문서를 만들기 위해 [+] 버튼을 클릭합니다.

03 왼쪽 상단에 있는 [제목 없는 문서]에 마우스 커서를 가져갑니다.

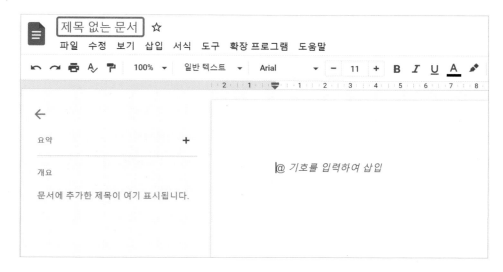

04 '제목'을 추가합니다. 예시에서는 일기를 작성하고 있으므로 최근에 있었던 일을 떠올려 일기 제목을 각자 정하도록 합니다. 최근에 있었던 일이 잘 떠오르지 않는다면 예시와 같이 적어도 좋습니다. 제목을 입력한 후 문서 요약으로 내려가 [+] 버튼을 누르고 요약에 '일기'라고 씁니다.

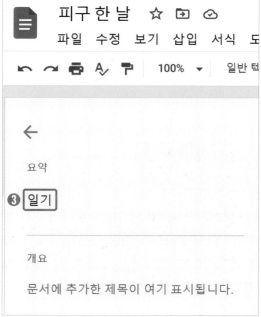

05 문서의 첫 줄에 날짜를 입력합니다. 둘째 줄에 제목을 입력하고, 넷째 줄부터 내용을 입력합니다. 줄을 변경하고 싶을 때는 Enter 를 누르면 됩니다.

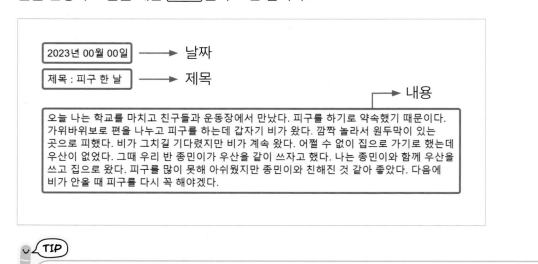

TIP

그림 속 글은 예시이므로 자신이 쓰고 싶은 일기의 내용으로 바꿔도 좋습니다.

06 내용을 다 입력했다면 날짜를 마우스로 드래그한 뒤 문서 위 메뉴에서 글꼴 [굵게]를 선택해 날짜를 강조해 줍니다.

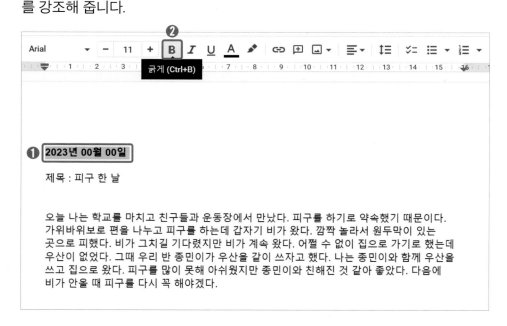

07 제목을 마우스로 드래그한 뒤 글자의 크기를 [18], 글꼴은 [굵게], 정렬은 [가운데 맞춤]으로 선택합니다.

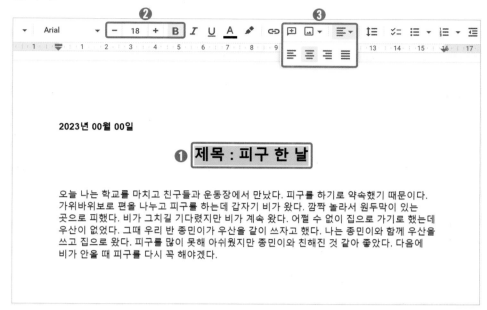

08 내용을 마우스로 드래그한 뒤 글자의 크기를 [12]로 정합니다.

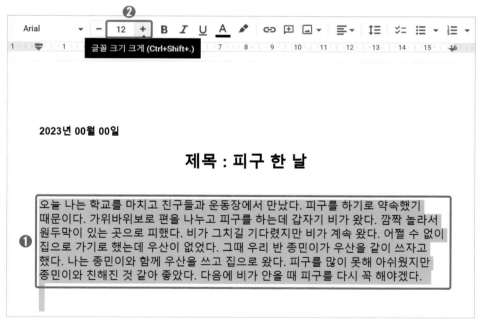

09 일기에 어울리는 그림을 넣고 싶다면 삽입에서 이미지를 선택해 사진을 업로드하거나 직접 그릴 수 있습니다. 여기서는 직접 그리는 방법을 알아보겠습니다. [삽입]-[그리기]-[새 그림]을 차례대로 선택합니다.

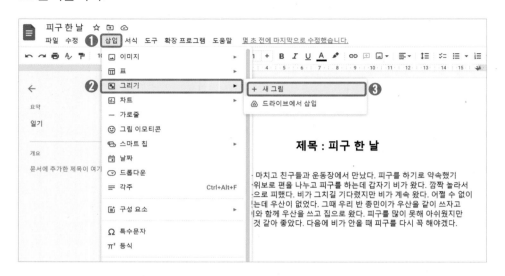

10 그림판이 나오면 [선]-[자유곡선]을 차례대로 선택합니다.

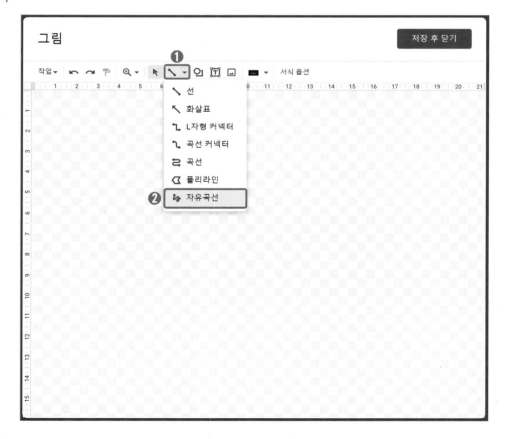

11 원하는 그림을 그립니다. 필요하다면 [도형]-[설명선]을 선택해 말풍선을 추가합니다. 그림이 완성되면 [저장 후 닫기]를 클릭합니다.

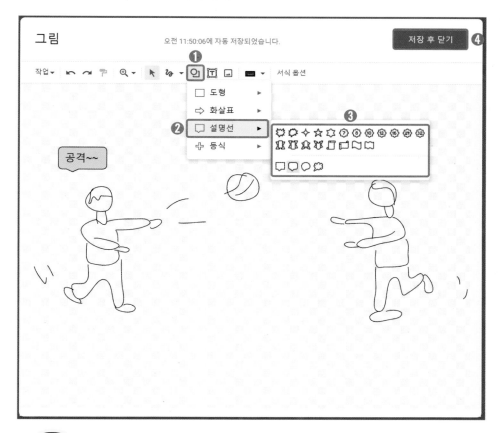

TIP

누군가와 공유하고 싶다면 [파일]-[공유]를 선택하거나 이메일로 보낼 수 있습니다. 또는 PDF 형태로 다운로드하여 보관할 수도 있습니다. 이번 활동은 일기 글이므로 공유하지 않고, 다음 활동에서 작업한 문서를 다른 사람과 공유하는 방법을 자세하게 알아보도록 하겠습니다.

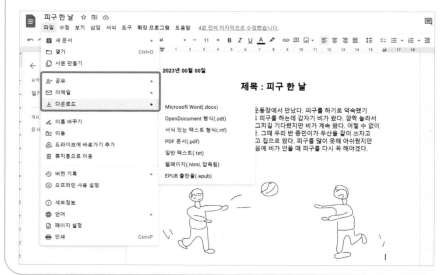

12 구글 문서는 자동으로 저장되기 때문에 별도로 저장할 필요는 없습니다. 자신이 작업한 문서를 찾고 싶다면 문서를 선택한 뒤 첫 페이지에 나오는 최근 문서를 확인하거나 상단 검색창에서 '일기' 또는 '피구' 등 제목으로 검색하면 됩니다.

구글 문서가 강력한 이유

　구글 문서를 사용해 본 소감이 어떤가요? 별도의 SW를 설치할 필요 없이 구글 계정만 있다면 문서를 손쉽게 작성할 수 있음을 확인했을 겁니다. 스마트폰에 앱을 설치하면 PC로 작업한 문서를 핸드폰에서도 손쉽게 확인하고 편집할 수 있습니다. 또한 그림이나 동영상, 유튜브 등 다양한 멀티미디어 콘텐츠를 쉽게 삽입할 수 있고, 자신이 만든 문서를 다른 사람과 간편하게 공유함으로써 협업을 하기에 용이합니다. 하나의 문서에 50명이 함께 문서를 작성할 수 있으며 작성하는 내용을 실시간으로 확인할 수 있습니다. 게다가 구글에서 제공하는 다양한 서비스와 연동이 가능합니다. 예를 들어 화상회의를 하면서 문서를 함께 조회할 수 있고, 구글 사이트 도구로 웹페이지를 만들어 구글 문서를 등록해 인터넷에 공개할 수도 있습니다. 문서가 수정되면 자동으로 웹페이지에 올라간 문서의 내용도 수정됩니다.

　최근에는 다양한 AI 기능이 제공되어 편리성을 더욱 높여 주고 있습니다. 음성인식을 통해 회의록을 작성하거나 원하는 문서를 만들 수 있습니다. 키보드를 활용해 문서를 생산하는 데 어려움을 겪는 사람들에게 도움이 될 뿐 아니라 청각 장애인의 경우 음성으로 진행되는 회의에 참여하기 어려운데 음성을 인식해 자동으로 기록되는 회의록을 보면서 자신의 의견을 문서에 바로 작성하고 댓글로 남길 수 있습니다. 또 숫자를 보면 필요한 그래프를 자동으로 그려 주는 AI 기능은 데이터 시각화를 손쉽게 구현할 수 있도록 도움을 줍니다. 오타를 발견했을 때는 화면에 표시하여 이를 알리고, 오타를 수정할 수 있도록 바른 글자를 보여 주기도 합니다. 이처럼 다양한 기능으로 사용자들을 편리하게 해주는 구글 문서, 계속해서 활용해 볼까요?

기자가 되어볼까?

02

원하는 기사의 주제를 정하고 주제와 관련된 데이터를 수집한 뒤 표와 이미지를 삽입해 기사문을 완성해 보세요.

□ 난이도
★★★★☆

□ 소요 시간
30분 이상

□ 학습 영역
디지털 문서
작성 능력

□ 준비물
PC 또는 노트북,
구글 계정

디지털 인재가 될 준비를 해요!　　　　　　　　　－ □ ✕

- **활동 목표** 문서에 이미지와 표를 삽입하는 방법 알기
- **활동 약속** 활동 연습 후 스스로 기사문 작성해 보기

성취 기준을 달성해요!　　　　　　　　　－ □ ✕

관련 교육 과정 성취 기준	[2수05-02] 분류한 자료를 표로 나타내면 편리한 점을 말할 수 있다. [4국03-03] 관심 있는 주제에 대해 자신의 의견이 드러나게 글을 쓴다. [6국03-03] 목적이나 대상에 따라 알맞은 형식과 자료를 사용하여 설명하는 글을 쓴다. [6실02-01] 건강을 위한 균형 잡힌 식사의 중요성과 조건을 알고 자신의 식사를 평가한다. [6실04-07] 소프트웨어가 적용된 사례를 찾아보고 우리 생활에 미치는 영향을 이해한다. [9정02-02] 인터넷, 응용 소프트웨어 등을 활용하여 문제 해결을 위한 자료를 수집하고 관리한다. [9정02-03] 실생활의 정보를 표, 다이어그램 등 다양한 형태로 구조화하여 표현한다.

✎ **디지털 문서 작성 능력**

이 활동은 원하는 주제에 대한 데이터를 수집한 후 이미지와 표로 기사문을 작성하는 활동입니다. 자신이 쓰고자 하는 기사의 주제를 정하고 해당 주제와 관련된 데이터를 모으는 과정에서 데이터를 수집하는 능력을 키울 수 있습니다. 또한 이를 이미지와 표로 정리하는 과정에서 디지털 문서 작성 능력을 높일 수 있습니다.

데이터를 수집해요! ─ □ ✕

01 기사로 쓰고 싶은 주제를 정합니다. 주제와 관련된 데이터를 수집하기 위해 구글 검색창을 활용합니다. 예시에서는 '10대들이 좋아하는 음식'으로 주제를 정했습니다. 자신이 조사하고 싶은 주제가 있다면 그 주제와 관련된 데이터를 수집해도 좋습니다.

02 기사나 블로그 등을 통해 '10대들이 좋아하는 음식'과 관련된 데이터를 수집합니다. 데이터를 수집할 때는 텍스트 데이터, 이미지 데이터 등 데이터의 유형과 내용을 반드시 확인하도록 합니다.

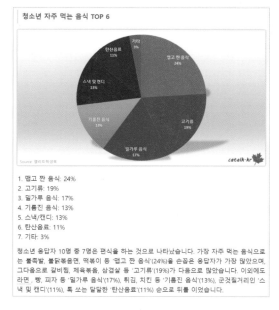

03 데이터를 검색하고 내용을 읽으면서 활용할 만한 데이터라고 판단되면 데이터를 수집합니다. 이미지 데이터의 경우 마우스 오른쪽 버튼을 눌러 [이미지를 다른 이름으로 저장]을 합니다. 내 컴퓨터의 [사진]이나 [문서] 폴더에 '기사 관련 이미지' 폴더를 만들어 수집한 이미지 데이터를 저장합니다. 이때 가져온 이미지의 출처를 밝히기 위해 사이트의 주소도 복사합니다. 기사를 쓸 때 자신이 직접 찍거나 만든 이미지가 아니라면 반드시 출처를 밝혀야 합니다.

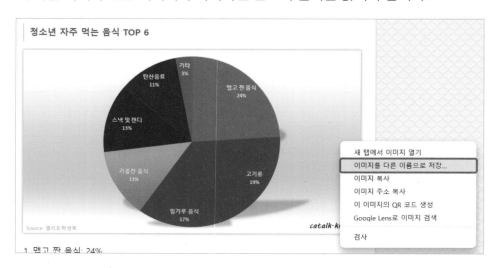

04 텍스트 데이터의 경우에도 필요한 내용을 드래그한 후 마우스 오른쪽 버튼을 눌러 [복사]합니다. 자신이 직접 기사를 써도 좋지만, 누군가가 조사한 내용을 인용하고 싶다면 복사하여 사용하되 출처를 반드시 밝혀야 합니다. 내용의 출처 역시 복사해 둡니다.

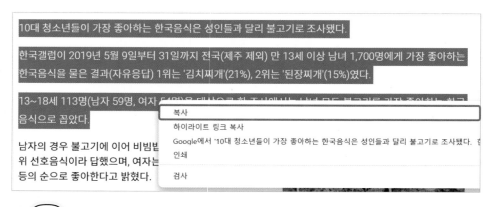

TIP

복사가 되지 않는 경우에 필요한 내용을 직접 간단하게 요약하도록 합니다.

05 복사한 텍스트 데이터는 메모장을 열어 붙여 넣기하고 이미지 데이터와 마찬가지로 폴더에 저장해 둡니다.

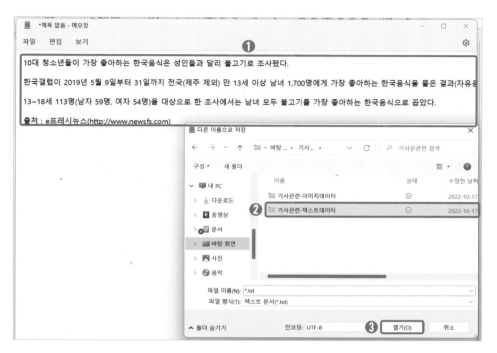

06 기사문 작성에 필요한 이미지 데이터, 텍스트 데이터 등을 모두 정리해 데이터셋을 마련합니다.

문서를 작성해요!   − ▢ ✕

01   [구글앱](⊞) 아이콘을 선택해 문서로 들어간 후 [템플릿 갤러리]를 클릭합니다.

02   템플릿 중 [업무]-[뉴스레터]를 차례대로 선택합니다.

03 뉴스레터 문서에 '제목'을 추가합니다. 예시에서는 '10대들이 좋아하는 음식'에 대한 기사를 작성하고 있어 제목을 '10대들이 좋아하는 음식'이라고 입력했습니다. 문서 요약으로 내려가 [+] 버튼을 누르고 요약에 '기사'라고 씁니다.

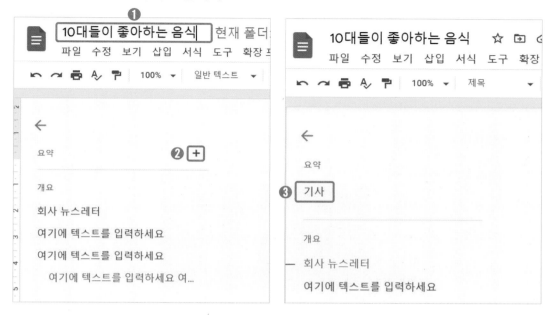

04 기사 문서의 첫 줄에 신문사의 이름을 입력합니다. 신문사의 이름은 원하는 이름으로 정해도 좋습니다. 둘째 줄에는 기사의 제목을 작성합니다. 기사의 제목을 예시에서는 '10대들이 좋아하는 음식은?'으로 정했습니다. 셋째 줄에는 발행 날짜를 입력합니다.

05 기존의 이미지를 선택해 마우스 오른쪽 버튼을 누르고 [이미지 바꾸기]를 선택합니다. 데이터셋에서 메인 이미지를 가져와야 하므로 [컴퓨터에서 업로드]를 선택합니다.

06 이미지를 기사에 어울리는 이미지 데이터로 바꾼 뒤 수집한 텍스트 데이터를 참고해 기사문을 예시처럼 작성합니다. 글자의 크기나 색깔은 원하는 대로 바꿔 줍니다.

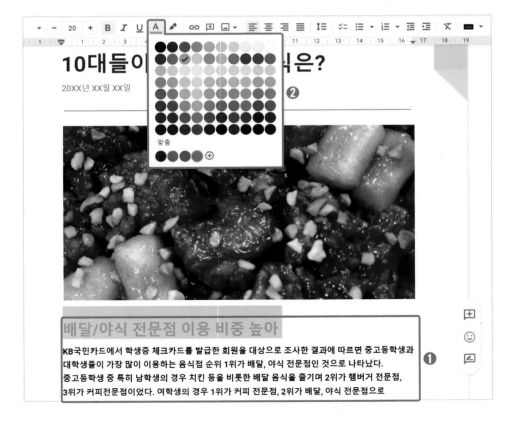

07 다음 페이지에서 필요 없는 부분은 삭제합니다. 동영상은 삽입하지 않으므로 해당 셀을 선택한 후 마우스 오른쪽 버튼을 누르고 [표 삭제]를 클릭합니다.

08 소제목으로 '중고등학생 및 대학생 음식점 이용금액 상위 5개'를 입력하고 기자의 이름을 적습니다. 이번에는 표를 삽입할 예정이므로 기존 이미지는 삭제하도록 합니다. 마우스 오른쪽 버튼을 눌러 [삭제]를 클릭합니다.

09 이미지를 삭제한 자리에 마우스 커서를 놓고 [삽입]-[표]를 차례대로 선택한 뒤 [4×7] 표를 삽입합니다.

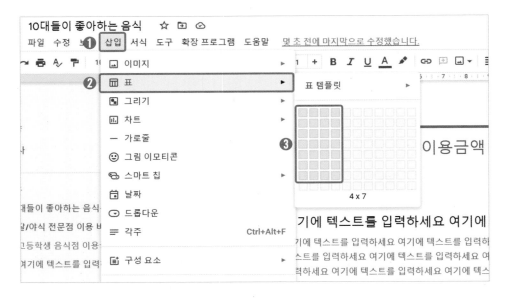

10 그림 속 예시처럼 표 속에 내용을 입력합니다. 자신이 직접 수집한 데이터의 정보를 이용해 표의 내용을 채워도 좋습니다.

중고등학생 음식점 이용금액 상위 5개

기자 홍지연

남학생		여학생	
음식점	이용금액비중	음식점	이용금액비중
배달/야식 전문점	14%	커피 전문점	19%
햄버거 전문점	11%	배달/야식 전문점	13%
커피 전문점	11%	마라/샹궈/훠궈전문점	7%
한식/백반집	5%	떡볶이 전문점	5%
치킨 전문점	5%	제과점	5%

11 여러 개의 셀을 합쳐야 하는 경우 합칠 셀을 모두 마우스로 드래그한 후 마우스 오른쪽 버튼을 눌러 [셀 병합]을 선택합니다.

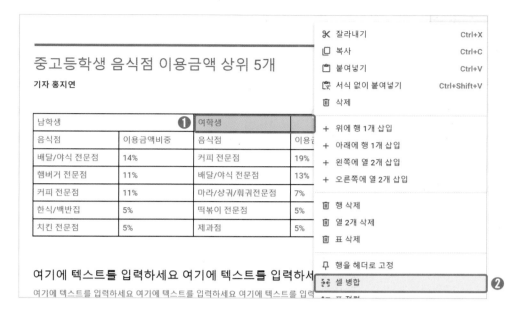

12 표 전체를 드래그하여 글꼴을 [진하게], [가운데 정렬]해 보기 좋게 만듭니다. 표의 1행과 2행을 선택한 뒤 원하는 색깔로 채워 줍니다.

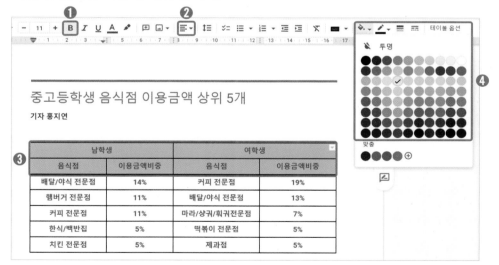

13 표를 완성했다면 기사문을 마저 작성합니다. 기사와 관련하여 자신이 하고 싶은 말이나 의견 등을 정리해 기사의 내용을 마무리합니다.

남학생		여학생	
음식점	이용금액비중	음식점	이용금액비중
배달/야식 전문점	14%	커피 전문점	19%
햄버거 전문점	11%	배달/야식 전문점	13%
커피 전문점	11%	마라/샹궈/훠궈전문점	7%
한식/백반집	5%	떡볶이 전문점	5%
치킨 전문점	5%	제과점	5%

배달음식을 피할 수 없다면 영양을 고려해 선택!

성장기에 있는 중고등학생에게 건강을 생각한다면 집밥이 제일 좋을 것이다. 하지만 코로나19의 장기화 등으로 배달음식을 많이 시켜먹는 상황을 고려해 볼 때 배달음식을 선택할 때에도 영양을 고려할 필요가 있겠다. 맵고 짠 음식, 밀가루 음식 보다는 한식/백반과 같은 음식을 적극 추천한다.

웹사이트에서 더보기

14 기사를 작성할 때 참고한 사이트 등 출처를 밝혀야 할 사이트의 주소로 링크를 수정합니다.

배달음식을 피

성장기에 있는 중고등 이다. 하지만 코로나19의
장기화 등으로 배달을 을 선택할 때에도 영양을
고려할 필요가 있겠다 은 음식을 적극 추천한다.

❶ 웹사이트에서 더보

여기에 텍스트를 입력 트를 입력하세요 여기에
텍스트를 입력하세요

© 회사 이름
도시 도로명 123, 도시

✂ 잘라내기	Ctrl+X	
📋 복사	Ctrl+C	
📋 붙여넣기	Ctrl+V	
📋 서식 없이 붙여넣기	Ctrl+Shift+V	
🗑 삭제		
⊞ 댓글	Ctrl+Alt+M	
🖼 수정 제안		
😊 이모티콘 반응 삽입		
✏ 링크 수정	Ctrl+K ❷	
🔗 링크 열기	Alt+Enter	
📋 링크 URL 복사		

15 링크를 붙여 넣기한 뒤 텍스트에 '참고 기사'라고 씁니다. [적용]을 누릅니다.

16 기사 하단에 다시 한 번 '신문사 이름'을 쓰고 문의 사항이 있을 경우 연락할 '메일 주소'를 남겨 기사 작성을 완성합니다.

17 완성된 기사를 다시 한 번 읽으며 오타나 내용 등을 수정합니다. 이미지 출처가 빠져 있으므로 사진 하단에 이미지 출처를 표기하여 최종 원고를 마감합니다.

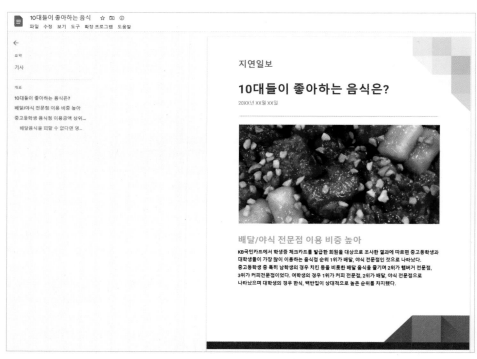

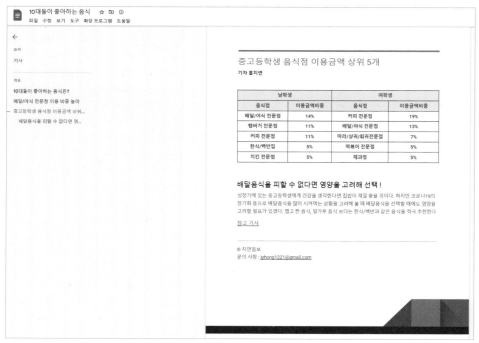

내가 작성한 기사를 공유해요!

  구글 문서를 사용해 기사문을 작성해 본 소감이 어떤가요? 기사문은 다른 사람에게 널리 정보를 알리기 위한 목적으로 작성하는 글이므로 반드시 여러 사람이 읽을 수 있도록 해야 합니다. 작성한 기사문을 공유하기 위해서는 화면의 상단 오른쪽에 있는 공유 버튼을 활용할 수 있습니다. 공유 버튼을 누르면 원하는 사람들에게만 제한적으로 공유하거나 링크가 있는 모든 사람들이 기사를 확인할 수 있도록 공유할 수 있습니다. 자신의 기사를 원하는 친구에게만 공유하기를 원한다면 제한됨을 선택하고 친구의 메일 주소로 사용자를 추가합니다. 더 많은 사람들이 널리 기사를 읽도록 하고 싶다면 링크가 있는 모든 사용자를 선택하되, 나의 기사를 다른 사람이 임의로 수정할 수 없도록 뷰어를 선택합니다.

  내 기사에 대한 다른 사람의 의견을 듣고 싶을 때는 뷰어 대신 댓글 작성자를 선택해도 좋습니다. 또는 공동으로 기사문을 작성하는 경우 다른 사람에게 권한을 편집자로 주어 내가 작성한 기사를 수정할 수 있도록 할 수 있습니다. 이렇게 공유 권한에 대한 설정을 완료한 후 [링크 복사]를 눌러 SNS나 메일 등을 활용해 내 기사문을 다른 사람에게 공유하거나 사이트 도구를 활용해 만든 웹페이지 등에 게시합니다. 자신의 글을 많은 사람들이 읽고 피드백을 주고받는 경험을 통해 디지털 시민으로서 성장해 보는 경험을 해 보는 것은 어떨까요?

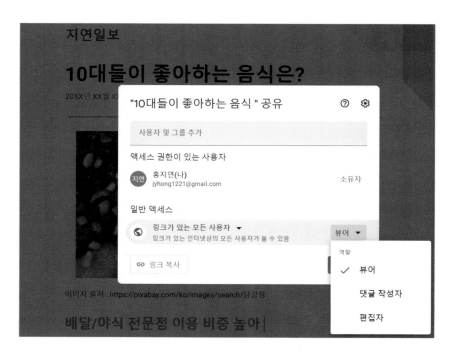

이미지 출처 : https://pixabay.com/ko/images/search/닭강정

03

내겐 너무나 편리한 구글 AI

구글 문서를 활용해 수업 노트를 정리하는 방법을 알아보고 스스로 수업 노트를 정리해 보세요. 이때 음성인식 기능도 적절하게 활용해요.

☐ **난이도**
★★★☆☆

☐ **소요 시간**
30분 이상

☐ **학습 영역**
디지털 문서
작성 능력

☐ **준비물**
PC 또는 노트북,
구글 계정

디지털 인재가 될 준비를 해요!　　　　　　　　　　　　　　　－ ☐ ✕

● **활동 목표** 문서로 수업 노트 작성하는 방법 알기
● **활동 약속** 수업 노트 작성 방법을 실생활에서 활용하기

성취 기준을 달성해요!　　　　　　　　　　　　　　　　　　　－ ☐ ✕

관련 교육 과정 성취 기준	[6국03-02] 목적이나 주제에 따라 알맞은 내용과 매체를 선정하여 글을 쓴다.
	[6실04-07] 소프트웨어가 적용된 사례를 찾아보고 우리 생활에 미치는 영향을 이해한다.
	[9정02-01] 디지털 정보의 속성과 특징을 이해하고 현실 세계에서 여러 가지 다른 형태로 표현되고 있는 자료와 정보를 디지털 형태로 나타낸다.
	[9정02-03] 실생활의 정보를 표, 다이어그램 등 다양한 형태로 구조화하여 표현한다.
	[초중등인공지능 교육내용 기준안] 초등5-6학년>인공지능 원리와 활용>컴퓨터의 인식 방법

✏ **디지털 문서 작성 능력**

이 활동은 문서를 활용해 수업 노트를 작성하는 방법을 알고, 스스로 노트 필기를 정리해 보는 활동입니다. 구글의 AI 기능을 활용하면 음성으로도 손쉽게 노트 필기를 정리할 수 있습니다. 이를 통해 AI를 활용하는 능력뿐 아니라 자신에게 필요한 디지털 문서를 작성하는 능력을 키울 수 있습니다.

AI 기능을 알아봐요! ─ □ ✕

01 구글 문서에 있는 AI 기능에 대해 알아봅시다. [도구]-[음성 입력]을 차례대로 클릭합니다.

02 왼쪽에 음성인식 버튼이 생성됩니다. 준비가 되면 [음성인식] 버튼을 클릭합니다.

03 구글 문서에서 마이크를 사용할 수 있도록 권한 요청을 [허용]합니다.

04 말을 하면 인식된 음성이 자동으로 기록됩니다. 구글 문서의 AI 기능을 이용해 회의록을 작성하거나 수업 노트를 편리하게 작성할 수 있습니다.

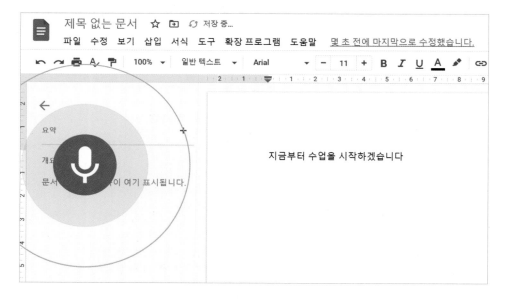

05 문장과 문장 사이에 마침표를 찍고 싶다면 한 문장을 말한 후 "마침표"라고 말합니다. 줄바꿈을 해야 한다면 "줄바꿈"이라고 말하면 자동으로 줄바꿈이 됩니다.

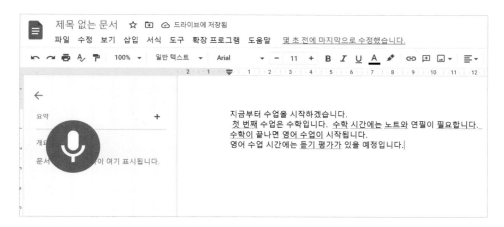

06 작성된 문장의 맞춤법 및 문법을 확인하고 싶다면 [도구]-[맞춤법 및 문법]을 차례대로 클릭한 후 [맞춤법 및 문법 검사]를 클릭합니다.

07 잘못된 부분을 찾아 올바른 맞춤법을 추천해 줍니다. [적용] 버튼을 눌러 손쉽게 수정할 수 있습니다.

문서를 작성해요!   − □ ✕

01 [구글앱](⦙⦙⦙)을 선택해 문서로 들어간 후 [템플릿 갤러리]를 클릭합니다.

02 템플릿 중 '교육' 메뉴에서 [수업 메모]를 차례대로 선택합니다.

03 수업 메모 문서에 '제목'을 추가합니다. 예시에서는 '나의 수업노트'라고 작성했습니다. 제목을 입력한 후 문서 요약으로 내려가 [+] 버튼을 누르고 요약에 '수업 필기'라고 작성합니다.

04 어떤 과목의 노트인지 이름을 수정하고 수업을 듣는 날짜를 입력합니다.

> **TIP**
> 만약 하나의 노트에 모든 과목의 노트를 정리한다면 '수업 노트'라고 작성해도 됩니다.

05 수업 단원 및 차시명을 입력합니다. 수업 시간에 선생님이 칠판에 적어 주거나 주간학습안내에 나와 있는 내용을 참고하여 작성해도 좋습니다. 예시는 5학년 과학 3단원 2차시 학습 주제입니다.

06 수업 시간에 들은 중요한 내용을 수업 노트에 정리합니다. 내용에 따라 표를 삽입하여 수업에서 들은 내용을 정리하도록 합니다.

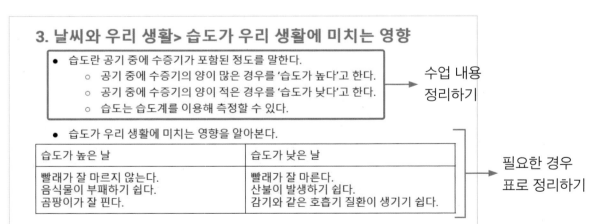

07 ⋮ 필기한 내용이 잘 보이도록 표 속의 내용을 [가운데 정렬]하거나 [셀 배경색]을 넣어 줍니다. 또한 [글머리 기호]를 넣어 구분이 될 수 있도록 합니다.

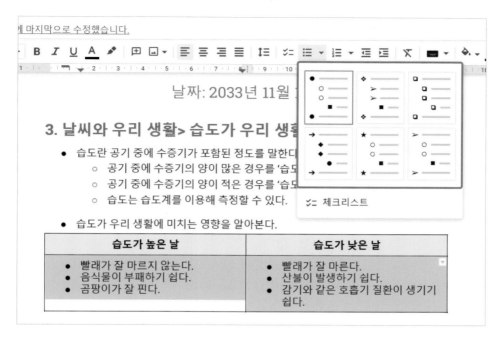

08 ⋮ 말의 속도가 빨라 필기를 정리하기 어렵거나 중요한 내용을 빠짐없이 기록하고 싶다면 [도구]-[음성 입력]을 차례대로 선택합니다.

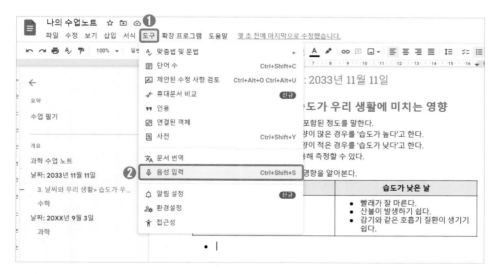

09 : 마이크를 누르고 음성 입력을 시작하면 자동으로 입력되는 것을 확인할 수 있습니다.

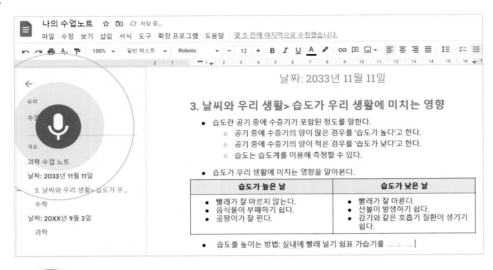

TIP

음성 입력으로 '.'을 입력하고 싶을 때는 "땡땡"이라고 말해요.

음성 입력으로 ','를 입력하고 싶을 때는 "콤마"라고 말해요.

10 : 당일 정리할 수업 노트가 마무리되면 '구분선'으로 표시한 후 다음 날 날짜를 입력합니다. 계속해서 과학 수업 시간에는 이 수업 노트를 활용해 수업 내용을 정리하는 습관을 갖도록 합니다.

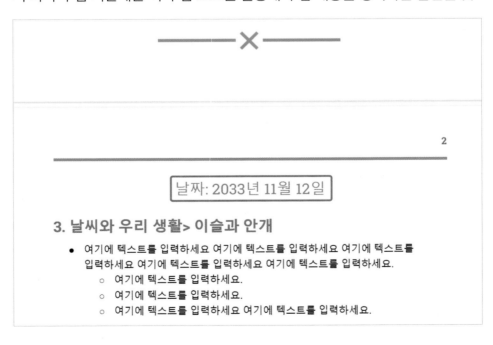

11 완성한 수업 노트의 내용에 이상이 없는지 확인합니다.

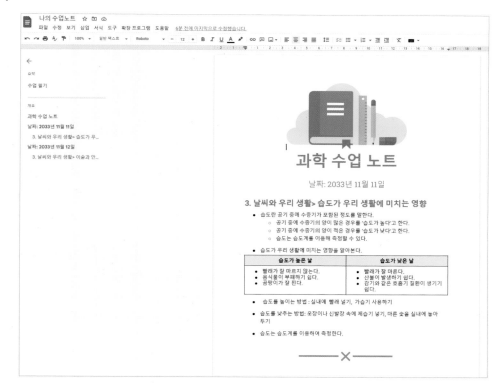

12 나의 수업 노트를 친구들에게 공유하고 싶다면 우측 상단에 있는 [공유] 버튼을 클릭합니다.

13 나의 친구에게만 공유하는 것이므로 일반 액세스에서 [제한됨]을 선택하고 사용자 및 그룹 추가에 '친구의 메일'을 입력한 후 [완료] 버튼을 클릭합니다.

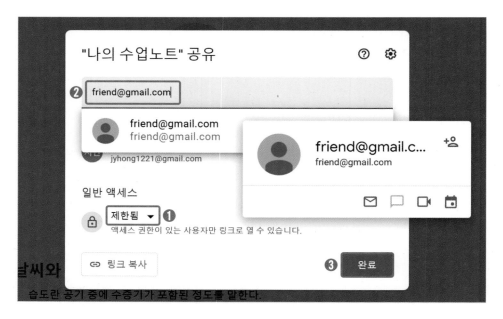

14 다른 수업 노트 템플릿으로도 같은 방법으로 다른 과목의 수업 노트를 만들어 활용할 수 있습니다.

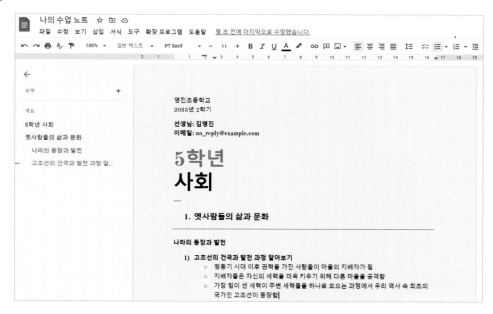

디지털 문서로 배우는 협업 능력

디지털 문서의 가장 큰 장점은 무엇일까요? 바로 언제 어디서든 다른 사람과 공동 작업을 할 수 있다는 점입니다. 인터넷이 되는 디지털 디바이스만 있으면 구글 계정으로 로그인하여 문서를 불러올 수 있고, 공유를 통해 문서 작업을 다른 사람과 함께 작성할 수 있습니다. 공유를 하는 방법은 크게 두 가지입니다. 자신이 작업한 문서의 공유 링크를 복사하여 전달하는 방법과 본 활동에서 했던 것처럼 공유하고자 하는 사람의 개인 메일을 사용자에 추가하여 공동 작업 권한을 부여하는 것입니다.

미래 사회에서는 개인의 능력도 중요하지만 함께 문제를 해결하는 과정에서 필요로 하는 협력적 문제 해결력과 의사소통력이 매우 중요하게 여겨집니다. 미래 사회에 해결해야 할 문제들의 성격이 한 분야의 지식이나 기능으로는 해결하기 어려운 융복합적 성격의 문제이기 때문입니다. 따라서 여러 분야의 전문가들이 자신의 지식과 기능을 다른 사람과 공유하며 문제 해결을 위해 협력해 가는 과정이 어느 시대보다 중요해졌다 볼 수 있습니다.

협력을 잘 하기 위해서는 함께 노력하려는 태도도 중요하지만 협력이 원활하게 이루어질 수 있도록 지원하는 구글 문서 도구와 같은 소프트웨어를 얼마나 잘 다룰 수 있는지도 중요합니다. 이 책을 통해 구글 문서, 스프레드시트, 프레젠테이션 등 다양한 구글의 도구를 활용해 문서를 작성하고, 데이터를 처리하며 다른 사람과 소통하고 협력하는 방법을 하나씩 배워 보도록 하세요.

04

누가 참석할 수 있을까?

구글 설문지를 활용해 데이터를 수집하는 방법을 알아보고 설문지를 만들어 친구에게 공유해 보세요.

☐ 난이도
★★★☆☆

☐ 소요 시간
20분 이상

☐ 학습 영역
데이터 수집 및 처리, 시각화

☐ 준비물
PC 또는 노트북, 구글 계정

디지털 인재가 될 준비를 해요!　　　　　　　　　　　　　　　　　　ㅡ ☐ ✕

- **활동 목표** 구글 설문지를 활용해 데이터를 수집하는 방법 알기
- **활동 약속** 설문지를 활용해 자신에게 필요한 데이터 수집하기

성취 기준을 달성해요!　　　　　　　　　　　　　　　　　　　　　　ㅡ ☐ ✕

관련 교육 과정 성취 기준	[6국03-02] 목적이나 주제에 따라 알맞은 내용과 매체를 선정하여 글을 쓴다.
	[6실04-07] 소프트웨어가 적용된 사례를 찾아보고 우리 생활에 미치는 영향을 이해한다.
	[9정02-01] 디지털 정보의 속성과 특징을 이해하고 현실 세계에서 여러 가지 다른 형태로 표현되고 있는 자료와 정보를 디지털 형태로 표현한다.
	[9정02-02] 인터넷, 응용 소프트웨어 등을 활용하여 문제 해결을 위한 자료를 수집하고 관리한다.

📝 디지털 문서 작성 능력

이 활동은 구글 설문지를 활용해 원하는 데이터를 직접 수집하고 분석하는 활동입니다. 구글의 설문지를 활용하면 쉽게 설문 문항을 만들고 이를 공유해 데이터를 수집 및 분석할 수 있습니다. 이를 통해 디지털 세상의 다양한 정보를 모으고 분석하며 시각화함으로써 문제를 해결하는 능력을 키울 수 있습니다.

구글 설문지를 알아봐요!   − ☐ ✕

01 구글 계정으로 로그인한 후 [구글앱](⠿)을 클릭합니다. 스크롤을 내려 [설문지]를 찾아 클릭합니다.

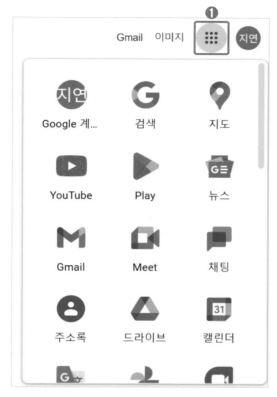

02 설문지의 다양한 템플릿이 보입니다. [+] 버튼을 눌러 설문지를 시작해도 되고, 템플릿 중 필요한 것을 찾아도 좋습니다. 여기서는 [+] 버튼을 눌러 봅니다.

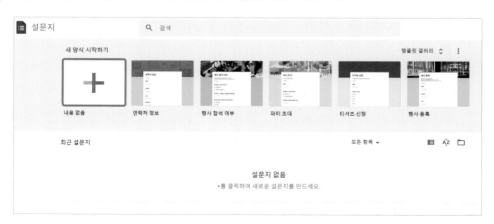

03 설문지를 작성할 수 있는 양식을 확인할 수 있습니다. 설문지의 제목을 입력하는 곳과 각 설문 문항을 입력하는 곳, 설문 문항의 유형을 설정하는 곳 등이 있습니다.

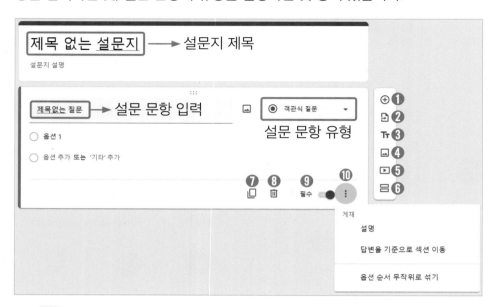

 TIP

각 버튼의 기능을 이해합니다.

❶ **질문 추가** : 설문할 문항을 추가할 수 있습니다.

❷ **질문 가져오기** : 이전에 만들었던 설문 문항 등을 가져올 수 있습니다.

❸ **제목 및 설명 추가** : 제목 및 설명을 추가할 수 있습니다.

❹ **이미지 추가** : 설문 이해에 필요한 이미지를 추가할 수 있습니다.

❺ **동영상 추가** : 설문 이해에 필요한 동영상을 추가할 수 있습니다.

❻ **섹션 추가** : 설문의 페이지를 구분해 줄 수 있습니다.

❼ **문항 복사** : 작성한 문항을 복사할 수 있습니다.

❽ **문항 삭제** : 작성한 문항을 삭제할 수 있습니다.

❾ **필수** : 문항을 필수로 할 것인지 필수로 하지 않을 것인지를 결정합니다.

❿ **기타** : '설명'은 문항에 대한 설명을 추가하고 싶을 때 사용합니다. '답변을 기준으로 섹션 이동'은 답변에 따라 문항의 페이지를 다른 곳으로 보내고 싶을 때 사용합니다. '옵션 순서 무작위로 섞기'는 문항의 선택지의 순서를 랜덤으로 할 때 사용합니다.

04 문항에 사용자들이 답을 하면 그 결과를 확인할 수 있습니다.

05 설문지의 기본 설정을 바꿀 수 있습니다. 이 부분은 활동을 하면서 자세히 알아봅니다.

설문지를 작성해요! — ▢ ✕

01 [구글앱](⊞)을 선택해 설문지로 들어간 후 템플릿 갤러리에서 [파티 초대]를 클릭합니다.

02 설문지의 제목을 '생일 파티 초대'로 입력하고 설명에 생일 파티에 대한 정보를 입력합니다. 생일 파티에 참석 가능한 사람들의 정보를 얻는 것이 목적이므로 생일 파티가 열리는 시간과 장소를 정확하게 안내해야 합니다.

03 첫 번째 수집할 정보는 생일 파티에 참석하는 사람의 이름입니다. 설문 문항에 '이름을 입력해 주세요.'라고 입력합니다. 답변의 형태는 [단답형]이며 [필수]로 체크합니다.

04 두 번째 수집할 정보는 참석 여부입니다. 참석할 것인지, 참석하지 않을 것인지 묻는 질문은 그대로 뒤도 좋습니다. 객관식 질문으로, 필수로 응답하도록 설정을 그대로 둡니다.

05 몇 명이 참석할 것인지 묻는 질문은 생일 파티 초대 설문에서는 필요 없으므로 [휴지통] 이모티콘을 눌러 삭제합니다.

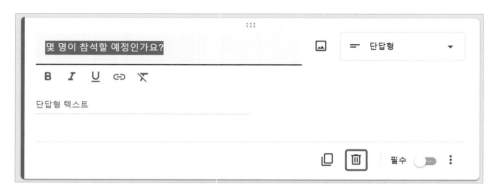

06 계속해서 자신에게 필요 없는 문항은 [휴지통] 이모티콘을 눌러 삭제합니다.

무엇을 가져오시나요?

어떤 요리를 가져오실 예정인지 알려 주세요.

- 메인
- 샐러드
- 디저트
- 음료
- 사이드/에피타이저
- 기타...
- 옵션 추가

07 알레르기 또는 식단 제한 사항은 생일 파티에서 준비할 음식을 정하는데 참고가 될 수 있으므로 그대로 두되, 알레르기가 없는 사람들은 응답하지 않아도 되도록 필수가 아닌 상태로 둡니다.

08 이메일 주소를 입력하는 문항의 내용을 '생일 축하 메시지를 남겨주세요'로 바꾸고 [삭제] 아이콘 을 눌러 이메일 양식을 삭제합니다.

09 [제목 및 설명 추가] 버튼을 누릅니다.

10 추가된 제목 및 설명 추가란에 '설문에 응답해 주셔서 감사합니다.'를 입력합니다.

11 우측 상단에 있는 [미리보기] 버튼을 클릭합니다.

12 생일 파티 초대 설문지의 전체 내용을 확인합니다. 이상이 있다면 '미리보기'를 끄고 설문지의 내용을 수정합니다.

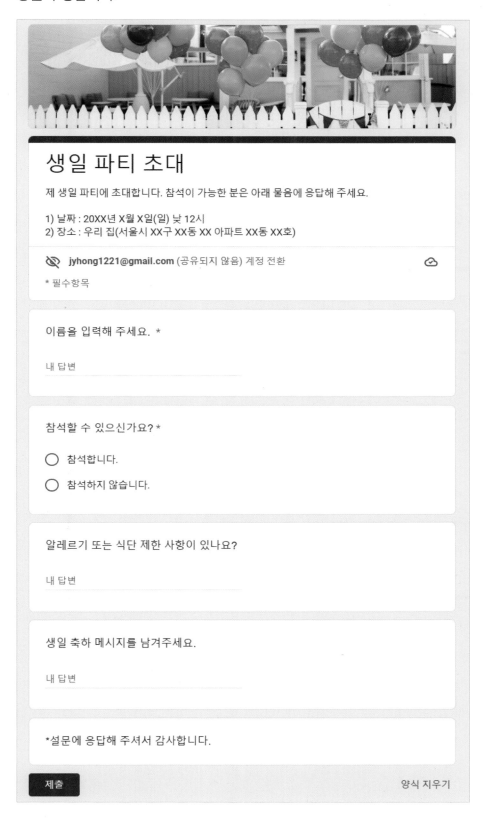

생일 파티 초대

제 생일 파티에 초대합니다. 참석이 가능한 분은 아래 물음에 응답해 주세요.

1) 날짜 : 20XX년 X월 X일(일) 낮 12시
2) 장소 : 우리 집(서울시 XX구 XX동 XX 아파트 XX동 XX호)

jyhong1221@gmail.com (공유되지 않음) 계정 전환

* 필수항목

이름을 입력해 주세요. *

내 답변

참석할 수 있으신가요? *

○ 참석합니다.

○ 참석하지 않습니다.

알레르기 또는 식단 제한 사항이 있나요?

내 답변

생일 축하 메시지를 남겨주세요.

내 답변

*설문에 응답해 주셔서 감사합니다.

제출   양식 지우기

13 친구에게 문자나 SNS로 생일 파티 초대 설문지를 보내기 위해 이메일이 아닌 [링크]를 선택한 뒤 [URL 단축]을 누릅니다.

14 단축된 URL 링크를 [복사]한 뒤 문자나 SNS 등을 이용해 친구에게 보냅니다.

Q 읽을거리

온라인 설문지로 데이터 수집도 쉽게

예전에는 데이터를 수집하려면 설문지를 작성하고 설문지에 응답할 사람들에게 일일이 설문지를 전달한 후 응답이 완료된 설문지를 다시 모아 그 결과를 분석해야 했습니다. 설문지를 사람들에게 일일이 전달하는 일도, 이를 다시 모으는 일도 쉽지 않아 데이터를 수집하는 일에 많은 시간과 비용이 소모되었습니다. 하지만 온라인 설문이 가능해지면서 원하는 데이터를 수집하기 위한 설문지만 작성하면 이를 전달하고 다시 모으는 일이 정말 간편해졌습니다.

이번 활동에서는 생일 파티 초대를 위해 생일 파티에 참석 가능한 사람의 이름과 생일 축하 메시지 정도만 간단하게 수집했지만 보다 복잡한 데이터의 수집도 얼마든지 가능합니다. 예를 들어 우리 반 친구들이 좋아하는 취미나 특기, 학예회나 운동회와 같은 행사에서 하고 싶은 장기자랑이나 운동 종목 등 문제 상황에 따라 필요한 데이터를 얼마든지 수집할 수 있습니다.

또한 온라인 설문의 경우 대규모의 데이터를 수집해야 할 때도 유용합니다. 예를 들어 우리 반 친구들이 아니라 학년 전체 학생들의 데이터가 필요한 경우가 있을 수 있습니다. 전교 회장을 선출하는 방식에 대해 결정해야 할 때 온라인 설문지를 활용하면 빠르고 간편하게 전체 학생들의 생각을 모을 수 있는 것입니다. 이처럼 편리한 온라인 설문지를 활용해 여러분이 해결하고 싶은 문제에 필요한 데이터를 꼭 수집해 보세요.

05 구글 설문지로 만드는 게임

구글 설문지를 활용해 정답을 맞혔을 때 지하 미로에서 탈출할 수 있는 평가용 게임을 만들어 친구에게 공유해 보세요.

- ☐ **난이도**
  ★★★★☆

- ☐ **소요 시간**
  30분 이상

- ☐ **학습 영역**
  데이터 수집 및 처리, 시각화

- ☐ **준비물**
  PC 또는 노트북, 구글 계정

디지털 인재가 될 준비를 해요!   – ☐ ✕

- ● **활동 목표** 구글 설문지를 활용해 데이터를 이용한 게임 만들기
- ● **활동 약속** 직접 문제를 만들어 자신만의 설문지 게임 만들기

성취 기준을 달성해요!   – ☐ ✕

관련 교육 과정 성취 기준	[6국03-02] 목적이나 주제에 따라 알맞은 내용과 매체를 선정하여 글을 쓴다. [6실04-07] 소프트웨어가 적용된 사례를 찾아보고 우리 생활에 미치는 영향을 이해한다. [9정02-01] 디지털 정보의 속성과 특징을 이해하고 현실 세계에서 여러 가지 다른 형태로 표현되고 있는 자료와 정보를 디지털 형태로 표현한다. [9정02-02] 인터넷, 응용 소프트웨어 등을 활용하여 문제 해결을 위한 자료를 수집하고 관리한다.

 디지털 문서 작성 능력

이 활동은 구글 설문지로 사용자가 입력하는 데이터를 사용하여 지하 미로에서 탈출하는 게임 활동입니다. 구글의 설문지를 활용하면 교과와 관련된 평가 문제를 마치 게임을 하듯이 재미있게 풀 수 있습니다. 이를 통해 데이터의 수집 및 처리 능력을 키우고, 교과에서 배운 지식에 대한 과정 평가도 실시할 수 있습니다.

문제 해결 전략을 생각해요!   – ☐ ✕

다음 물음에 답하며 설문지로 지하 미로에서 탈출하는 게임을 만들기 위해 생각해야 할 것이 무엇인지 정리해요.

N+1섹션 : 탈출 성공 섹션	지하 미로 탈출 성공
N섹션 : 마지막 문제 섹션	마지막 문제가 나오는 섹션으로 이 문제까지 맞히면 탈출
...	문제의 수에 따라 섹션의 수가 결정됨
3섹션 : 시작 문제 섹션	문제가 나오는 곳으로 맞히면 위 섹션으로 올라감
2섹션	문제를 맞히지 못했을 때 떨어지는 곳
1섹션	지하 미로 탈출 게임 시작

01 : 문제는 3섹션에서 시작합니다. 만약 맞혀야 하는 문제가 5문제라면 7섹션이 마지막 문제 섹션이 됩니다. 몇 개의 문제를 만들고 싶나요?

02 : 자신의 마지막 문제와 탈출 성공 섹션은 각각 몇 섹션이 되나요?

03 : 문제를 맞히지 못하면 몇 섹션으로 떨어지나요?

04 : 각 문제 섹션에 들어갈 문제를 미리 생각해 보세요.

설문지를 작성해요! — ☐ ✕

01 [구글앱](⊞)을 선택해 설문지로 들어간 후 [+] 버튼을 눌러 새 양식을 엽니다.

02 설문지의 제목을 '지하 미로 탈출 게임'으로 입력합니다. [섹션 추가]를 클릭하여 자신이 낼 문제의 수에 따라 섹션을 추가합니다. 예를 들어 5개의 문제를 맞혔을 때 지하 미로 탈출에 성공할 수 있다면 5+3=8개 섹션을 만들어야 합니다.

> **TIP**
> 3을 더하는 이유는 시작하는 섹션, 실패해서 떨어지는 섹션, 탈출 성공 섹션이 필요하기 때문입니다.

03 여기서는 8개의 섹션을 만듭니다. 1섹션은 지하 미로 탈출 게임의 시작 섹션입니다. 1섹션의 제목을 '지하 미로 탈출 게임 시작'이라고 입력합니다.

04 1섹션에 대한 설명과 질문, 질문 유형 등을 입력합니다.

- **제목에 대한 설명** : 문제가 제시되면 문제를 해결하고 지하 미로 탈출 성공 섹션까지 이동해야 합니다. 게임을 시작해 볼까요?
- **질문** : 지하 미로 탈출 게임에 참가하는 당신의 이름은 무엇인가요?
- **질문 유형** : 단답형
- **필수 여부** : 체크
- 1섹션 다음은 3섹션(첫 번째 문제)으로 이동하도록 선택

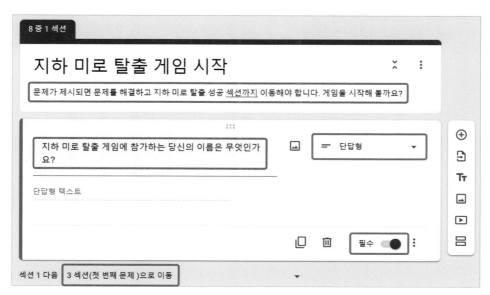

05 2섹션에 대한 설명을 '지하 미로 탈출 실패! 지하실로 떨어졌습니다'로 입력합니다. 지하실로 떨어 진 경우 다시 첫 번째 문제부터 시작하도록 [2섹션 다음 3섹션(첫 번째 문제)으로 이동]하도록 선 택합니다.

06 8섹션에 대한 설명과 질문, 질문 유형 등을 입력합니다. 8섹션에 질문을 추가하려면 화면의 오른 쪽 ⊕ 질문추가 아이콘을 클릭하면 됩니다.
- **제목** : 지하 미로 탈출 성공!
- **제목에 대한 설명** : 지하 미로 탈출에 성공했습니다. 축하합니다.
- **질문** : 지하 미로 탈출에 성공한 당신의 이름을 적어주세요.
- **질문 유형** : 단답형
- **필수 여부** : 체크

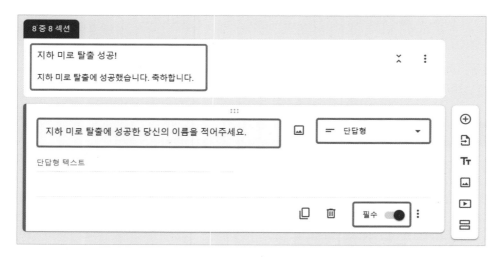

07 3섹션부터 문제를 입력합니다. 섹션에 질문을 추가하려면 화면의 오른쪽 ⊕ 질문추가 아이콘을 클릭하면 됩니다.

- **제목** : 첫 번째 문제
- **제목에 대한 설명** : 첫 번째 문제를 읽고 답하세요.
- **질문** : (OX 문제) 지도에서는 위치를 쉽게 나타내기 위해 위선과 경선을 사용한다. 이때 세로로 그은 선을 위선이라고 하고, 위도를 나타낸다.
- **질문 유형** : 객관식 질문
- **옵션** : O, X
- **필수 여부** : 체크
- **게재** : 답변을 기준으로 섹션 이동

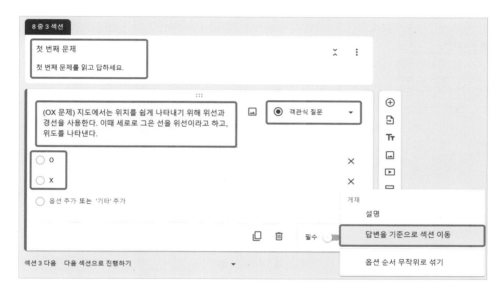

08 [답변을 기준으로 섹션 이동]에 체크를 하면 옵션 옆에 어느 섹션으로 이동할지 결정할 수 있습니다. 3섹션에 대한 답은 X이므로, 'O'를 선택했을 때는 2섹션, 즉 지하 미로 탈출 실패 섹션으로 가게 됩니다. 'X'를 선택하면 다음 문제를 풀기 위해 다음 섹션으로 진행합니다.

09 4섹션에도 문제를 입력합니다.

- **제목** : 두 번째 문제
- **제목에 대한 설명** : 두 번째 문제를 읽고 답하세요.
- **질문** : 큰 바다를 대양이라고 합니다. 5대양이 아닌 것을 찾으세요.
- **질문 유형** : 객관식 질문
- **옵션** : 태평양, 대서양, 인도양, 북한강, 남극해
- **필수 여부** : 체크
- **게재** : 답변을 기준으로 섹션 이동(북한강을 선택한 경우 다음 섹션으로 진행하고 나머지 답을 선택한 경우 2섹션으로 이동하게 하기)

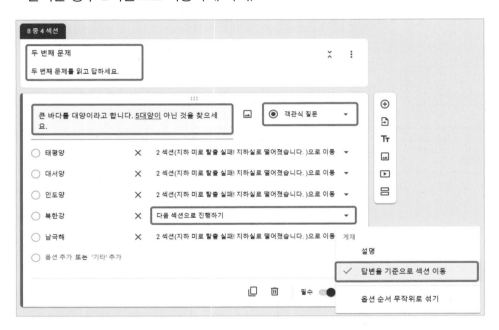

10 5섹션에도 문제를 입력합니다.

- **제목** : 세 번째 문제

- **제목에 대한 설명** : 세 번째 문제를 읽고 답하세요.

- **질문** : 이웃 나라의 생활 모습을 바르게 설명한 것을 찾으세요.

- **질문 유형** : 객관식 질문

- 옵션에 다음과 같이 입력합니다. 자신이 직접 문항을 만든다면 똑같이 하지 않아도 좋습니다.

    ☞ 중국은 우리나라의 서쪽에 있고 영토가 넓다.

    ☞ 일본은 우리나라의 동쪽에 있고 우리나라보다 조금 크다.

    ☞ 중국은 세계에서 인구가 가장 많고 영토가 넓어 지역마다 다양한 기후가 나타난다.

    ☞ 러시아는 우리나라의 북쪽에 있고 세계에서 영토가 2번째로 넓다.

    ☞ 일본은 국토 대부분이 산지이며 화산이 많고, 지진 활동이 활발하다.

- **필수 여부** : 체크

- **게재** : 답변을 기준으로 섹션 이동(4번 옵션의 답을 선택한 경우 다음 섹션으로 진행하고 나머지 답을 선택한 경우 2섹션으로 이동하게 하기)

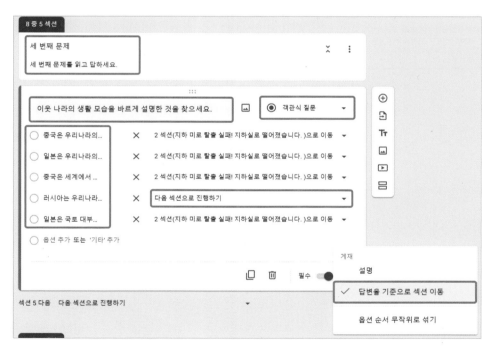

11 6섹션에도 문제를 입력합니다.

- **제목** : 네 번째 문제

- **제목에 대한 설명** : 네 번째 문제를 읽고 답하세요.

- **질문** : (OX 문제) 미국은 영토 면적이 넓고 인구가 많다. 땅의 모양이 동서로 넓어 서부 지역과 동부 지역에 세 시간 차이가 난다. 산업이 골고루 발달했고 우리나라와 다양한 물자와 서비스를 주고받고 있다.

- **질문 유형** : 객관식 질문

- **옵션** : O, X

- **필수 여부** : 체크

- **게재** : 답변을 기준으로 섹션 이동(O를 선택한 경우 다음 섹션으로 진행하고 X를 선택한 경우 2섹션으로 이동하게 하기)

12 7섹션에도 문제를 입력합니다.

- **제목** : 다섯 번째 문제
- **제목에 대한 설명** : 다섯 번째 문제를 읽고 답하세요.
- **질문** : (OX 문제) 세계 여러 나라들이 상호 의존적인 관계를 맺는 까닭은 나라마다 환경이 서로 달라 서로 필요한 도움을 주고받기 위함이다. 특히 오늘날 교통이나 통신 기술의 발달로 물자, 서비스, 사람의 이동이 편리해져 세계 여러 나라들은 상호 의존적인 관계를 맺고 있다.
- **질문 유형** : 객관식 질문
- **옵션** : O, X
- **필수 여부** : 체크
- **게재** : 답변을 기준으로 섹션 이동(O를 선택한 경우 다음 섹션으로 진행하고 X를 선택한 경우 2 섹션으로 이동하게 하기)

13 : 문제를 다 냈다면 상단의 [미리보기]를 클릭합니다. 문항에 답을 입력해 가면서 이상이 없는지 확인합니다. 문항에 이상이 없다면 상단의 [보내기] 버튼을 누릅니다.

14 : 단축된 URL 링크를 [복사]한 뒤 문자나 SNS 등을 이용해 친구에게 보냅니다.

구글 설문지로 평가지를 만든다?!

　구글 설문지를 활용해 지하 미로 탈출 게임을 만들어 본 소감이 어떤가요? 재미있는 게임 활동지인 동시에 실제로는 교과에서 배운 지식을 확인할 수 있는 형성 평가지로 볼 수 있습니다. 이렇게 구글 설문지를 활용하면 퀴즈 형태의 평가지를 만들어 볼 수 있습니다. 문제를 입력하고, 문제에 대한 정답을 단답형, 객관식, 체크박스, 드롭다운 등 다양한 유형으로 제시해 사용자가 선택하거나 입력하도록 합니다.

　설정으로 가면 질문에 대한 정답을 입력해 응답자가 답안을 제출한 후 바로 공개하거나 직접 검토한 후 공개하도록 할 수 있습니다. 질문을 만들 때 정답도 함께 입력하고 설정으로 가서 퀴즈로 만들기를 활성화하면 정답인 결과를 어떻게 공개할 것인지 등을 정할 수 있습니다. 또한 사용자가 입력한 모든 퀴즈의 응답을 통해 자주 틀리는 질문, 정답 그래프, 점수의 평균값, 중간값, 범위 등도 자동 요약으로 확인 가능합니다. 친구들과 함께 구글 설문지로 평가 문제를 만들고 서로 공유함으로써 즐겁게 공부해 보는 것은 어떨까요?

06 스프레드시트로 스마트한 용돈 관리

구글 스프레드시트를 활용하여 자신의 용돈 지출 관련 데이터를 수집해 시각화함으로써
자신의 소비 성향에 대해 알아보세요.

☐ **난이도**
★★★★☆

☐ **소요 시간**
30분 이상

☐ **학습 영역**
데이터 수집 및
처리, 시각화

☐ **준비물**
PC 또는 노트북,
구글 계정

디지털 인재가 될 준비를 해요!　　　　　　　　　　－ ▢ ✕

● **활동 목표**　스프레드시트를 활용해 데이터를 처리하는 방법 알기
● **활동 약속**　자신의 실제 용돈 지출과 관련 데이터를 정리해 소비 성향 알기

성취 기준을 달성해요!　　　　　　　　　　－ ▢ ✕

관련 교육 과정 성취 기준	[6수05-03] 주어진 자료를 띠그래프와 원그래프로 나타낼 수 있다. [6수05-04] 자료를 수집, 분류, 정리하여 목적에 맞는 그래프로 나타내고, 그래프를 해석할 수 있다. [6실03-03] 용돈 관리의 필요성을 알고 자신의 필요와 욕구를 고려한 합리적인 소비 생활 방법을 탐색하여 실생활에 적용한다. [6실04-07] 소프트웨어가 적용된 사례를 찾아보고 우리 생활에 미치는 영향을 이해한다. [9정02-03] 실생활의 정보를 표, 다이어그램 등 다양한 형태로 구조화하여 표현한다.

✎ **디지털 문서 작성 능력**

이 활동은 구글 스프레드시트를 활용해 원하는 데이터를 직접 수집하고 분석하는 활동입니다. 구글의 스프레드시트를 활용하면 수집한 데이터를 쉽게 정리하고 분석할 수 있고 이를 시각화함으로써 데이터 기반 의사결정 과정에 도움을 받을 수 있습니다.

구글 스프레드시트를 알아봐요! — □ ×

01 구글 계정으로 로그인한 후 [구글앱](⠿)을 클릭합니다. 스크롤을 내려 [스프레드시트]를 찾아 클릭합니다.

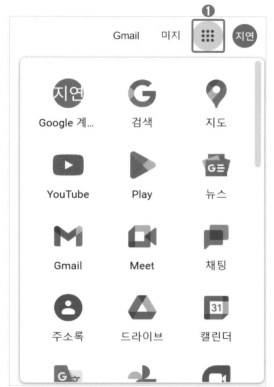 

02 스프레드 시트의 다양한 템플릿이 보입니다. [+] 버튼을 눌러 스프레드시트를 시작해도 되고, 템플릿 중 필요한 양식을 찾아도 좋습니다. 여기서는 [+] 버튼을 누릅니다.

03 스프레드시트를 작성할 수 있는 양식을 확인할 수 있습니다. 스프레드시트의 제목을 입력하는 곳과 아래에는 메뉴바와 도구가 차례대로 있습니다. 스프레드시트는 행과 열로 구성된 행렬 구조를 가지고 있습니다.

- 셀 : 스프레드시트의 빈 값 하나하나를 의미하는 단어로, 칸 하나가 셀입니다.
- 행 : 위에서 아래로 세로 방향으로 증가되고 있는 숫자로 표기된 부분을 '행'이라 합니다.
- 열 : 왼쪽에서 오른쪽으로 가로 방향으로 표기되어 있는 알파벳을 '열'이라 합니다.

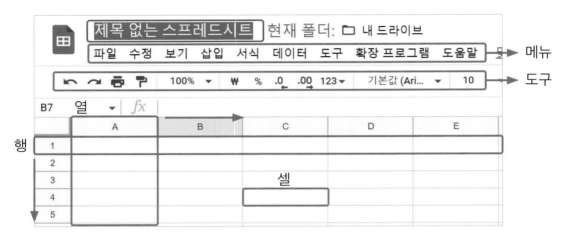

04 메뉴의 [파일]을 클릭합니다. 파일을 열거나 삭제, 저장, 공유 등의 일을 처리할 때 주로 사용합니다.

❶ 새 문서를 열거나 가져올 수 있고 사본을 만들 수 있습니다.

❷ 완성한 문서 또는 작성 중인 문서를 공유하거나 이메일로 보내고, 다운로드할 수 있습니다.

❸ 스프레드시트의 이름을 바꾸거나 드라이브에 저장하는 위치를 바꾸고 싶을 때, 파일을 삭제하고 싶을 때 사용합니다.

❹ 기타 버전 기록, 오프라인 사용 설정, 설정, 인쇄할 때 사용합니다.

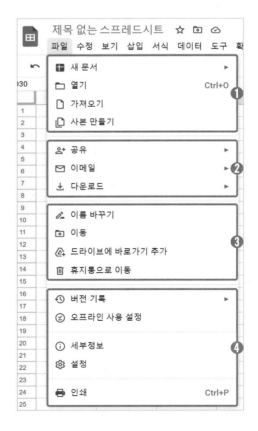

05 메뉴의 [수정]을 클릭합니다. 셀에서 실행한 내용을 수정하고 싶을 때 주로 사용합니다. 단축키를 외워두면 편리합니다.

❶ 작업한 내용을 취소하거나 재실행할 때 사용합니다.

❷ 작업한 내용을 잘라내거나 복사, 붙여넣기 등을 할 때 사용합니다.

❸ 작업한 내용을 삭제하거나 찾기, 바꾸기 등을 할 때 사용합니다.

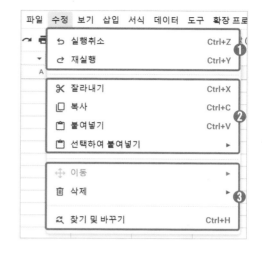

06 메뉴의 [보기]를 클릭합니다. 화면 보기에 대한 설정을 바꿀 때 주로 사용합니다.

❶ 수직 바, 격자선 등을 화면에 표시, 행이나 열을 고정, 행이나 열을 그룹화하고 싶을 때 사용합니다.

❷ 화면을 확대 또는 축소하고 싶을 때, 컨트롤을 숨겨 전체 화면으로 보고 싶을 때 사용합니다.

07 메뉴의 [삽입]을 클릭합니다. 작업에 필요한 것을 삽입할 때 주로 사용합니다.

❶ 셀, 행, 열, 시트 등을 삽입할 때 사용합니다.

❷ 차트, 피봇 테이블, 이미지, 직접 그린 그림 등을 삽입할 때 사용합니다.

❸ 스프레드시트에서 제공하는 다양한 내장함수를 활용하고 싶을 때, 작업하는 내용과 관련된 링크를 삽입하고 싶을 때 사용합니다.

❹ 체크박스, 스마트 칩을 삽입하고 싶을 때 사용합니다. 스마트 칩이란 구글 메일을 사용하는 사용자, 다른 문서 파일, 구글 캘린더 일정 등을 의미합니다.

❺ 댓글이나 메모를 삽입하고 싶을 때 사용합니다.

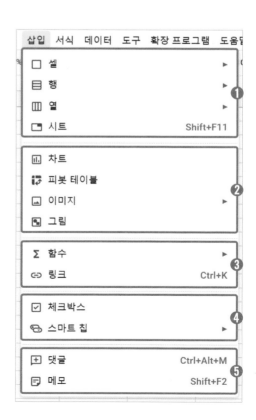

08 메뉴의 [서식]을 클릭합니다. 서식을 변경하거나 지정 해 주고 싶을 때 주로 사용합니다.

❶ 서식의 테마를 변경하거나 숫자, 텍스트, 정렬, 줄바 꿈, 회전 등의 조건을 바꾸고 싶을 때 사용합니다.

❷ 글꼴 크기를 지정하거나 조건부 서식의 규칙을 정할 때, 셀의 색깔 규칙을 정하고 지정한 서식을 지우고 싶을 때 사용합니다.

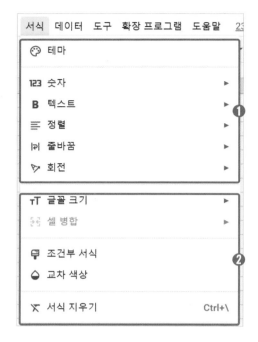

09 메뉴의 [데이터]를 클릭합니다. 시트에 저장된 데이터 를 컨트롤할 때 주로 사용합니다.

❶ 시트의 데이터를 정렬할 때 사용합니다.

❷ 필터를 만들거나 슬라이서를 추가해 데이터를 필터 링할 때 사용합니다.

❸ 시트 및 범위를 보호하거나 셀의 범위를 정할 때, 사 용자 정의 함수를 만들거나 가져올 때 사용합니다.

❹ 열 통계를 낼 때나 데이터 확인, 정리, 텍스트를 열로 분할할 때 사용합니다. 데이터 커넥터는 스프레드시 트에서 빅쿼리에 연결해 데이터를 분석하고 싶을 때 사용합니다.

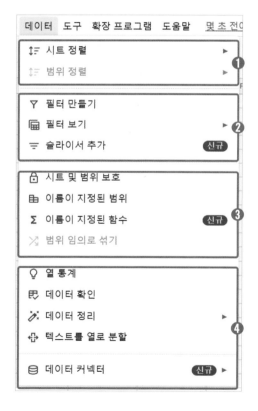

10 [도구]는 맞춤법 검사, 자동 완성, 알림 설정 등에 사용되며 확장 프로그램은 다양한 앱들을 설치 해 스프레드시트의 기능을 확장하고 싶을 때 사용합니다. 자세한 내용은 활동을 통해 알아보도록 합니다.

스프레드시트를 작성해요! — �␣ ❐ ✕

01 [구글앱](⊞)을 선택해 [스프레드시트]로 들어간 후 [+]를 눌러 새 스프레드시트를 시작합니다.

02 스프레드시트의 제목에 자신의 이름을 넣어 'OO이의 용돈 기입장'으로 입력합니다.

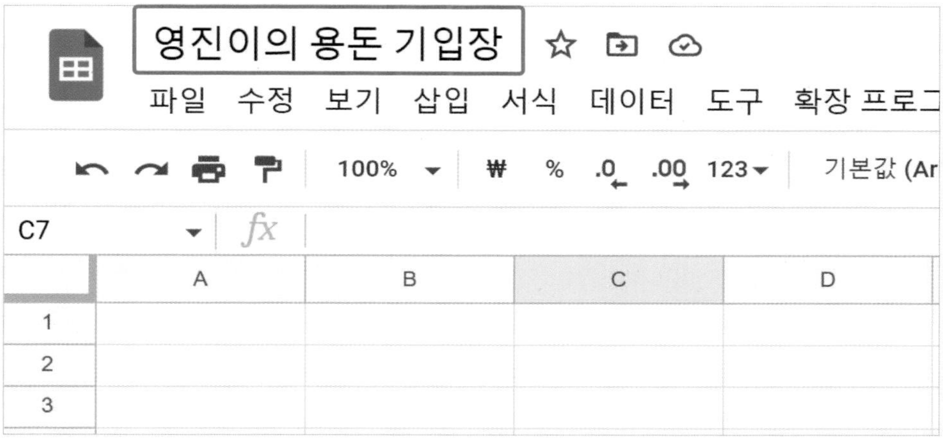

영진이의 용돈 기입장 ☆ 🗁 ☁

파일 수정 보기 삽입 서식 데이터 도구 확장 프로그

↶ ↷ 🖨 🎨 │ 100% ▾ │ ₩ % .0 .00 123 ▾ │ 기본값 (Ar

C7	▾	*fx*	
	A	B	C	D
1				
2				
3				

03 예시처럼 지출 항목, 세부 항목, 가격 등 내용을 입력해 줍니다.

	A	B	C	D
1	지출 항목	세부 항목	가격	
2	문구류	연필	1000	
3		메모장	2000	
4				
5	음식류	콜팝	5000	
6		아이스크림	1500	
7				
8	기타	만화책	12000	
9				

04 [A1]에서 [C1]까지 드래그해 범위를 정한 뒤 도구에서 글꼴은 [진하게], [가운데 정렬]합니다. 셀 배경색은 원하는 색상으로 선택합니다.

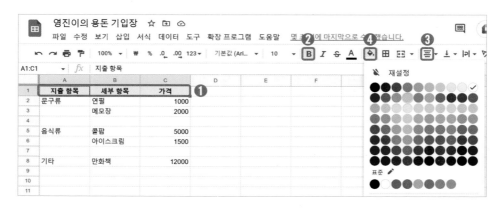

05 [A2]에서 [C4]까지 범위를 정한 뒤 [서식]-[교차 색상]을 차례대로 클릭하고 색상을 [초록색]으로 정한 다음 [완료]합니다. 원하는 색상으로 선택해도 좋습니다.

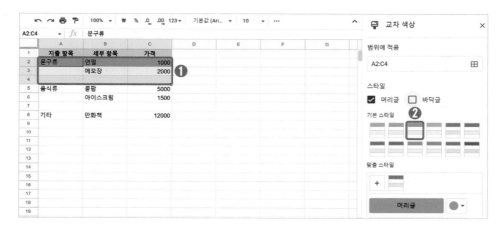

06 같은 방법으로 음식류에 해당하는 셀의 범위에 원하는 [교차 색상]을, 기타에 해당하는 셀의 범위에 원하는 [교차 색상]을 선택해 줍니다.

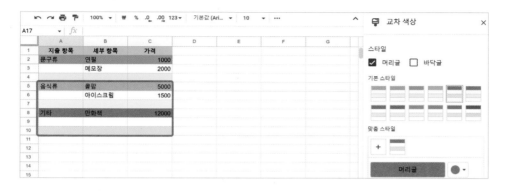

07 [C2]에서 [C10]까지 선택한 상태에서 [서식]-[숫자]-[통화 반올림됨]을 차례대로 선택합니다.

08 [C4]를 선택한 상태에서 [삽입]-[함수]-[SUM]을 차례대로 선택합니다.

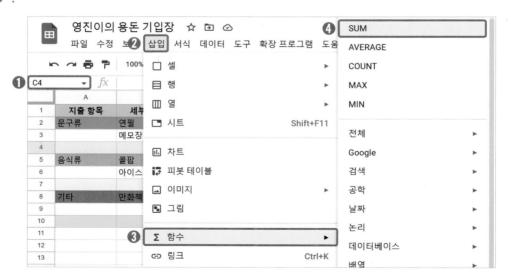

09 SUM은 합계를 구하는 함수입니다. 더하고자 하는 셀의 범위를 정해 줍니다.
- SUM(C2:C3) : C2에서 C3까지의 합계를 표시합니다.

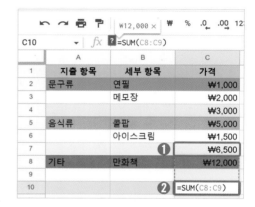

10 같은 방법으로 음식류의 소계를 [C7]에, 기타의 소계를 [C10]에 각각 표시합니다.

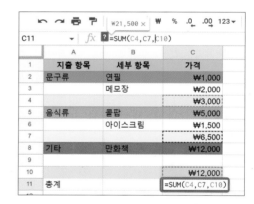

11 [A11]에 '총계'라고 입력한 후 [C11]에도 SUM 함수를 추가합니다.
- SUM(C4, C7, C10) : 각 소계의 합을 더해 총계를 구합니다.

12 테두리의 색깔이나 굵기 등을 정하고 싶을 때는 메뉴 아래에 있는 도구를 활용합니다. 원하는 만큼 범위를 정하고 테두리의 굵기를 달리해 내용의 구분이 잘 되도록 합니다.

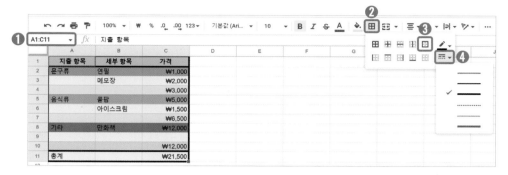

13 [B2]에서 [C11]까지 세부 항목과 가격을 선택한 상태에서 [삽입]-[차트]를 선택합니다. 차트 편집기에서 [집계]에 체크합니다.

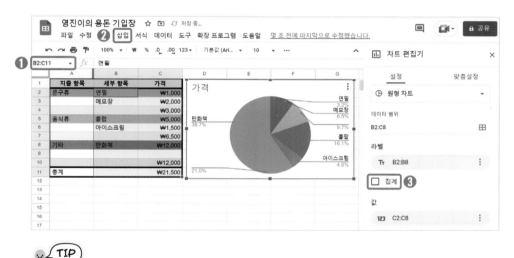

TIP

만약 처음 나오는 차트가 원형 차트가 아니라면 차트 편집기에서 [원형 차트]를 선택합니다.

14 집계를 체크하면 각 항목의 가격이 전체 지출한 용돈에서 차지하는 비율을 확인할 수 있습니다. 총 지출액 21,500원 중 만화책이 55.8%로 제일 크게 차지하고 있고 콜팝이 23.3%로, 두 번째로 차지하는 비율이 높게 나타납니다. 자신이 용돈을 어디에 많이 사용하는지 판단할 수 있습니다.

지출 항목	세부 항목	가격
문구류	연필	₩1,000
	메모장	₩2,000
		₩3,000
음식류	콜팝	₩5,000
	아이스크림	₩1,500
		₩6,500
기타	만화책	₩12,000
		₩12,000
총계		₩21,500

15 [B9]에 '선물', [C9]에 '3000원'을 입력해 봅시다. 차트와 총계 등이 자동으로 바뀌는 것을 확인할 수 있습니다.

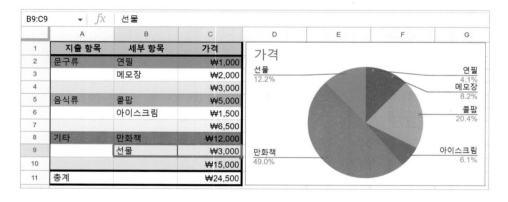

구글 시트로 스마트한 데이터 관리를!

　스프레드시트란 수치 계산이나 통계, 도표와 같은 작업을 효율적으로 할 수 있는 프로그램을 말하며, 가로행과 세로열이 만나는 셀이라는 공간에 정보를 입력해 저장하고 처리하는 것을 의미합니다. 하지만 온라인 기반이 아닌 경우 다른 사람과 공유하기 위해 작성한 스프레드시트를 저장하여 첨부파일 형태로 보내고 받은 사람의 경우 다운로드하여 수정 사항을 작업한 후 다시 저장하여 첨부파일 형태로 보내는 등 여러 단계를 거쳐야 하는 번거로움이 있습니다. 하지만 구글 스프레드시트의 경우 별도의 프로그램을 설치할 필요 없이 웹에서 바로 활용 가능할 뿐 아니라 클라우드 환경에 있기 때문에 언제 어디서든 시트를 불러와 작업할 수 있습니다.

　또한 URL 공유를 통해 원하는 사람 누구와도 쉽게 공유할 수 있고 공유 시 권한을 편집 또는 단순 뷰어 등으로 설정할 수 있어 공유한 사람과의 협업하는 수준도 제한할 수 있습니다. 구글 계정만 있으면 무료로 사용할 수 있다는 점, 구글의 다른 프로그램과도 쉽게 연동된다는 점 등은 구글 스프레드시트의 큰 장점이라 할 수 있습니다. 다수의 사람이 데이터를 확인해야 할 때나 데이터를 클라우드에 올려놓고 항시 수정 및 관리가 필요할 때 구글 스프레드시트를 사용한다면 그 진가를 보다 명확하게 확인할 수 있을 겁니다. 용돈 지출과 관련된 데이터를 정리해 봄으로써 나의 소비 성향에 대해 아주 쉽게 알 수 있었던 것처럼 구글 스프레드시트로 스마트하게 나의 데이터를 관리해 보는 것은 어떨까요?

07 스프레드시트로 작성하는 여행 계획

구글 스프레드시트를 활용해 자신이 가고 싶은 여행지에 대한 데이터를 수집하고 여행 계획표를 작성해 보세요.

☐ **난이도**
★★★★★

☐ **소요 시간**
40분 이상

☐ **학습 영역**
데이터 수집 및 처리, 시각화

☐ **준비물**
PC 또는 노트북, 구글 계정

디지털 인재가 될 준비를 해요! — □ ✕

● **활동 목표** 스프레드시트를 활용해 데이터를 시각화하는 방법 알기
● **활동 약속** 자신이 실제 가고 싶은 여행지로 여행 계획표 작성하기

성취 기준을 달성해요! — □ ✕

관련 교육 과정 성취 기준	[4사01-02] 디지털 영상 지도 등을 활용하여 주요 지형 지물들의 위치를 파악하고, 백지도에 다시 배치하는 활동을 통하여 마을 또는 고장의 실제 모습을 익힌다.
	[4사03-01] 지도의 기본 요소에 대한 이해를 바탕으로 하여 우리 지역 지도에 나타난 지리 정보를 실제 생활에 활용한다.
	[6수01-01] 덧셈, 뺄셈, 곱셈, 나눗셈의 혼합 계산에서 계산하는 순서를 알고 혼합 계산을 할 수 있다.
	[6실03-06] 자신의 위치에서 할 수 있는 가정일을 찾아 계획하고 실천한다.
	[6실04-07] 소프트웨어가 적용된 사례를 찾아보고 우리 생활에 미치는 영향을 이해한다.

✏️ **디지털 문서 작성 능력**

이 활동은 구글 스프레드시트를 활용해 원하는 데이터를 직접 수집하고 분석하여 한눈에 보기 쉽게 시각화해 보는 활동입니다. 구글의 스프레드시트를 활용하면 실생활 속에서 데이터를 통해 해결해야 하는 다양한 문제를 보다 쉽게 해결할 수 있을 뿐 아니라 데이터를 정리 및 분석하는 과정에서 비판적 사고를 획득할 수 있습니다.

다음 물음에 답하며 여행 계획을 세우기 위해 생각해야 할 것이 무엇인지 정리해요.

01 : 가고 싶은 여행지는 어디인가요?

02 : 그곳을 가고 싶은 이유는 무엇인가요?

03 : 그곳에서 꼭 하고 싶은 일은 무엇인가요?

04 : 며칠 동안 여행을 갈 예정인가요?

05 : 여행 경비는 얼마인가요?

06 : 여행 시 챙겨야 할 물품에는 무엇이 있을까요?

07 : 이번 여행을 위해 주의해야 할 점은 무엇일까요?

스프레드시트를 작성해요!   – □ ✕

01 구글 계정으로 로그인한 후 [구글앱](⊞)을 클릭합니다. 스크롤을 내려 [스프레드시트]를 찾아 클릭합니다.

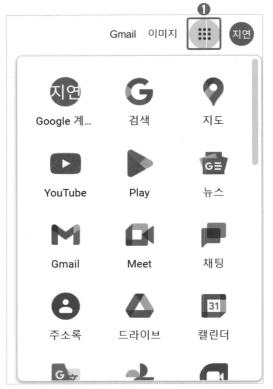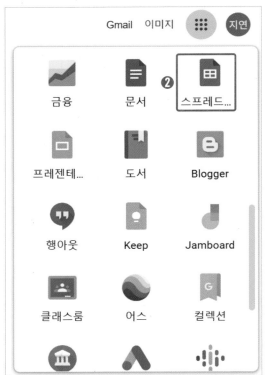

02 [+]를 눌러 새 스프레드시트를 시작합니다.

03 스프레드시트의 제목에 자신의 이름을 넣어 'OO이의 여행 계획표'라고 입력합니다.

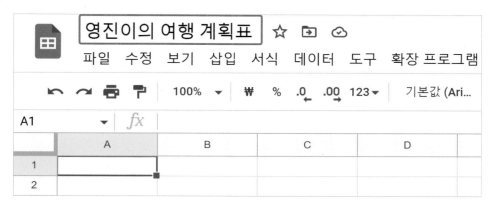

04 그림처럼 간단하게 내용을 입력한 뒤 [A1]에서 [B1]을 선택합니다. 도구에서 [셀 병합] 아이콘을 클릭한 후 [전체 병합]을 클릭합니다.

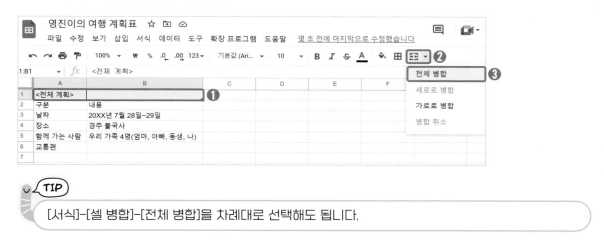

TIP

[서식]-[셀 병합]-[전체 병합]을 차례대로 선택해도 됩니다.

05 병합한 '<전체 계획>' 셀은 글자 크기 [12], [진하게]로 설정한 뒤 셀 배경색을 [진한 노란색]으로 바꿔 줍니다. [A2]와 [B2]는 [연한 노란색]으로 바꾼 뒤 커서를 [B6] 셀에 둡니다.

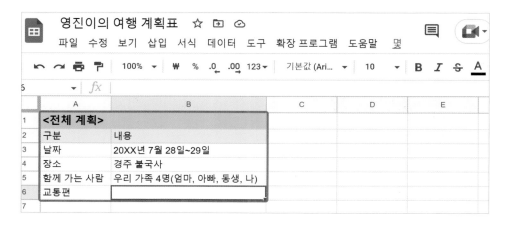

06 스프레드시트 우측 아래에서 [구글 지도] 아이콘을 찾아 클릭합니다. 검색창에 자신이 가고 싶은 여행지를 검색합니다. 예시에서는 경주 불국사를 가고 싶은 여행지로 정했으므로 '경주 불국사'를 검색합니다.

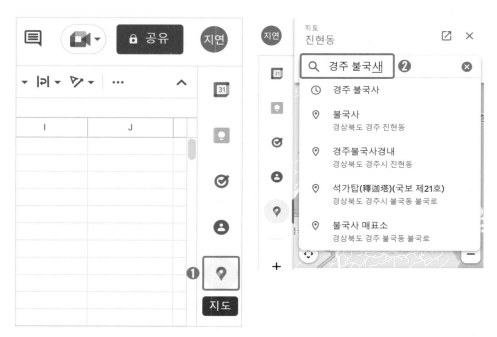

07 지도에 표시된 내가 가고 싶은 여행지를 [경로]로 선택합니다. 출발지를 자신이 있는 곳으로 선택합니다. 예시에서는 [서울역]으로 선택하였습니다. 출발지를 선택하면 출발지에서 여행지까지 이동 경로와 이동 시간 등에 대한 정보가 나타납니다. 상단의 [지도에서 열기] 버튼을 클릭합니다.

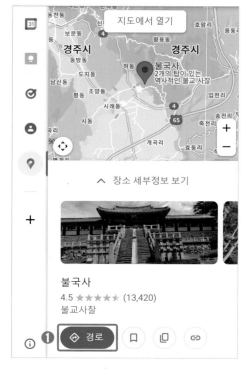

08 지도가 나타나면 좌측에 있는 [메뉴] 아이콘을 클릭합니다.

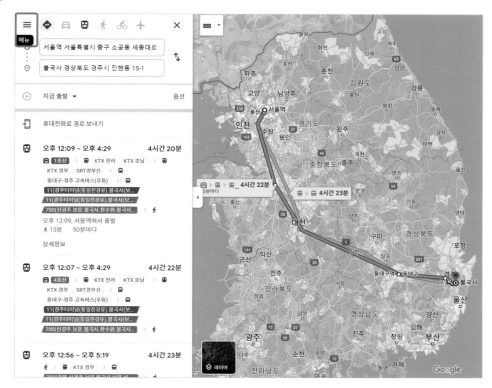

09 메뉴에서 [지도 공유 또는 퍼가기]를 클릭한 후 나오는 팝업 창에서 공유할 링크를 [링크 복사]합니다.

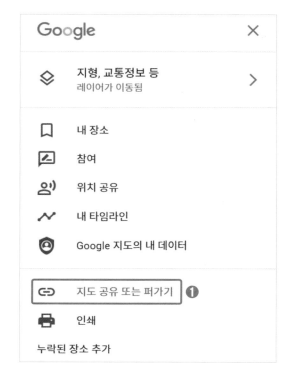

10 복사한 링크를 교통편의 내용, 즉 [B6]에 붙여 넣기합니다.

11 다시 지도로 돌아가 왼쪽 메뉴 아래에 있는 불국사 둘러보기에서 [호텔]을 클릭합니다.

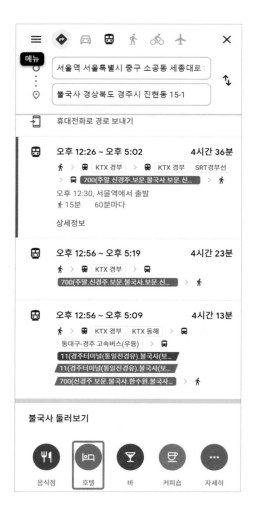

12 원하는 숙박 장소를 선택하기 위해 가려고 하는 '여행 날짜', '숙박 인원', '원하는 가격' 등의 정보를 입력합니다. 이용 가능한 숙박 정보가 나타나면 고객 평점, 브랜드, 취소 수수료 없음 등 여러 가지 상황을 고려해 필터링한 후 최적의 숙박 장소를 선택합니다.

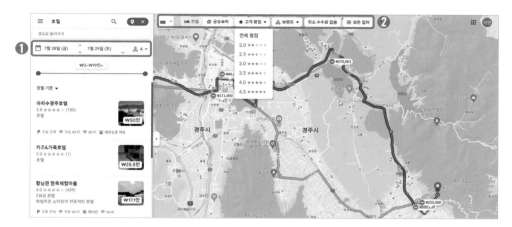

13 숙박 장소를 정했다면 해당 장소에 대한 위치 정보, 예약 현황 등이 담긴 공유 링크를 복사합니다.

14 [A7]에 '숙소'를 입력하고 복사한 숙소의 정보 링크를 [B7]에 붙여 넣기합니다.

	A	B	C
1	**<전체 계획>**		
2	구분	내용	
3	날짜	20XX년 7월 28일~29일	
4	장소	경주 불국사	
5	함께 가는 사람	우리 가족 4명(엄마, 아빠, 동생, 나)	
6	교통편	https://goo.gl/maps/ebHMMYQGeSsMEcrG7	
7	숙소	https://goo.gl/maps/JpwQ5wbx16DJNAUh9	
8			
9			
10			
11			
12			
13			
14			
15			
16			

15 숙소 아래에 '세부 일정'을 입력하고 [B8]에 '세부 일정을 확인하고 싶다면 클릭!'을 입력합니다. 화면 아래 시트1 좌측에 있는 [+] 버튼을 눌러 [시트2]를 만듭니다.

	A	B
1	**<전체 계획>**	
2	구분	내용
3	날짜	20XX년 7월 28일~29일
4	장소	경주 불국사
5	함께 가는 사람	우리 가족 4명(엄마, 아빠, 동생, 나)
6	교통편	https://goo.gl/maps/ebHMMYQGeSsMEcrG7
7	숙소	https://goo.gl/maps/JpwQ5wbx16DJNAUh9
8	세부 일정	세부일정을 확인하고 싶다면 클릭! ❶
9		
10		
11		
12		
13		

❷ **+** ☰ 　시트1 ▾

16 [B8] 셀이 선택된 상태에서 마우스 오른쪽 버튼을 눌러 [링크 삽입]을 선택합니다.

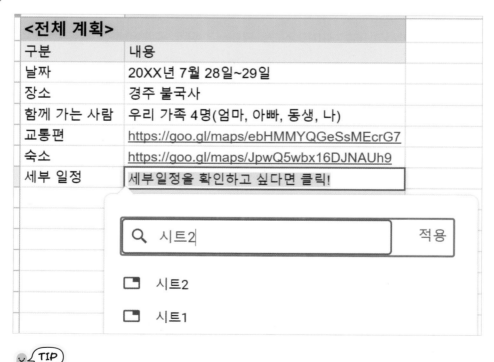

17 [시트2]를 선택하고 [적용]을 눌러 줍니다.

<전체 계획>		
구분	내용	
날짜	20XX년 7월 28일~29일	
장소	경주 불국사	
함께 가는 사람	우리 가족 4명(엄마, 아빠, 동생, 나)	
교통편	https://goo.gl/maps/ebHMMYQGeSsMEcrG7	
숙소	https://goo.gl/maps/JpwQ5wbx16DJNAUh9	
세부 일정	세부일정을 확인하고 싶다면 클릭!	

🔍 시트2   적용

📁 시트2

📁 시트1

💬 **TIP**

시트2가 보이지 않는다면 검색창에 시트2를 입력하면 됩니다.

18 [시트2]에 세부 일정표 속 내용을 입력합니다.

- 1일차와 2일차로 나누어 세부 일정을 시간대별로 작성합니다.
- 예상 지출 항목과 1인당 가격, 인원수 등 세부 항목을 입력해 전체 여행 경비가 얼마 정도 될지 확인할 수 있도록 합니다.
- 보기 속 내용은 예시이므로 실제 자신의 여행 계획에 맞게 수정해도 좋습니다.

19 [G1]에 '합계'라고 입력하고 [G2]에 마우스 커서를 놓은 뒤 '='을 입력하면 자동 추천 수식을 확인할 수 있습니다. 1인당 가격(E2)과 인원수(F2)를 곱한 값이 필요하므로 추천된 수식을 클릭합니다.

D	E	F	G	H
예상 지출 항목	가격	인원수	합계 ❶	
교통비	49300	4	=E2*F2 ❷	
			탭 E2*F2 197200 ⋮ ⊗	
식사비	12000	4		

20 [G2]를 선택한 상태에서 키보드의 [Ctrl]을 누르고 마우스를 드래그합니다. 각 항목별로 자동으로 합계가 계산된 것을 확인할 수 있습니다.

예상 지출 항목	가격	인원수	합계
교통비	49300	4	197200 ❶
식사비	12000	4	
입장비(어른)	5000	2	
입장비(학생)	2500	2	
기념품 구입비	15000	4	
식사비	15000	4	
식사비	10000	4	
자유이용권	39000	4	
간식비	7000	4	
교통비	49300	4	
식사비	13000	4	

예상 지출 항목	가격	인원수	합계
교통비	49300	4	197200 ❷
			0
식사비	12000	4	48000
입장비(어른)	5000	2	10000
입장비(학생)	2500	2	5000
기념품 구입비	15000	4	60000
식사비	15000	4	60000
			0
식사비	10000	4	40000
자유이용권	39000	4	156000
간식비	7000	4	28000
			0
교통비	49300	4	197200
식사비	13000	4	52000

21 [G17]을 선택한 상태에서 '='을 입력하고 SUM 함수를 선택하거나 'SUM'을 입력한 뒤 [G2]에서 [G15]의 범위를 정해 주면 전체 합계가 계산됩니다.

D	E	F	G
예상 지출 항목	가격	인원수	합계
교통비	49300	4	197200
			0
식사비	12000	4	48000
입장비(어른)	5000	2	10000
입장비(학생)	2500	2	5000
기념품 구입비	15000	4	60000
식사비	15000	4	60000
			0
식사비	10000	4	40000
자유이용권	39000	4	156000
간식비	7000	4	28000
			0
교통비	49300	4	197200
식사비	13000	4	52000
			853400 ×
			=SUM(G2:G15)

22 전체 세부 일정표를 선택한 뒤 [테두리]를 그리고 셀 병합이 필요한 부분에는 [셀 병합]을, 색을 넣고 싶은 셀에는 원하는 색을 넣어 한눈에 보기 좋게 만들어 줍니다.

23 세부 일정표가 모두 완료되었습니다.

	A	B	C	D	E	F	G
1	구분	시간	세부 내용	예상 지출 항목	가격	인원수	합계
2	1일차	08:20~	서울역에서 출발	교통비	49300	4	197200
3		12:30~	불국사 도착				0
4		12:30~13:30	점심식사	식사비	12000	4	48000
5		13:30~18:30	불국사 및 신라왕경숲 등 관광	입장비(어른)	5000	2	10000
6				입장비(학생)	2500	2	5000
7				기념품 구입비	15000	4	60000
8		18:30~20:30	저녁식사	식사비	15000	4	60000
9		20:30~	숙소 도착 및 휴식				0
10	2일차	08:00~	기상 및 아침 식사	식사비	10000	4	40000
11		10:00~13:00	경주월드 도착 및 놀기	자유이용권	39000	4	156000
12				간식비	7000	4	28000
13		13:00~14:00	점심식사 및 터미널로 출발				0
14		15:00~19:30	서울역 도착	교통비	49300	4	197200
15		19:30~20:30	저녁식사	식사비	13000	4	52000
16		20:30~	집 도착				
17	총계						853400

24 [시트1]의 전체 계획으로 돌아가 [테두리]를 그리고 내용에 이상이 없는지, 교통편, 숙소, 세부 일정 링크가 잘 작동하는지 확인합니다. 이상이 있을 경우 필요한 내용을 추가하거나 삭제하는 등 수정합니다. 예시에서는 세부 일정표에서 숙박비가 빠져 있는 것을 확인할 수 있습니다.

25 세부 일정표에서 숙박비를 추가할 곳을 찾아 선택한 뒤 마우스 오른쪽 버튼을 누른 다음 [아래에 행 1개 삽입]을 선택합니다.

26 숙박비 18만 원이 추가되고 총계에 이 값이 반영된 것을 확인할 수 있습니다.

	A	B	C	D	E	F	G
1	구분	시간	세부 내용	예상 지출 항목	가격	인원수	합계
2	一	08:20~	서울역에서 출발	교통비	49300	4	197200
3		12:30~	불국사 도착				0
4		12:30~13:30	점심식사	식사비	12000	4	48000
5		13:30~18:30	불국사 및 신라왕경숲 등 관광	입장비(어른)	5000	2	10000
6				입장비(학생)	2500	2	5000
7				기념품 구입비	15000	4	60000
8		18:30~20:30	저녁식사	식사비	15000	4	60000
9		20:30~	숙소 도착 및 휴식				0
10			숙박비				180000
11	2일차	08:00~	기상 및 아침 식사	식사비	10000	4	40000
12		10:00~13:00	경주월드 도착 및 놀기	자유이용권	39000	4	156000
13				간식비	7000	4	28000
14		13:00~14:00	점심식사 및 터미널로 출발				0
15		15:00~19:30	서울역 도착	교통비	49300	4	197200
16		19:30~20:30	저녁식사	식사비	13000	4	52000
17		20:30~	집 도착				
18	총계						1033400

27 완성한 여행 계획을 가족에게 공유하기 위해 [공유] 버튼을 누릅니다. 가족들이 함께 여행 계획을 수정하기 위해서는 권한을 [편집자]로 설정해 주면 됩니다. 복사한 링크를 가족들에게 공유하도록 합니다.

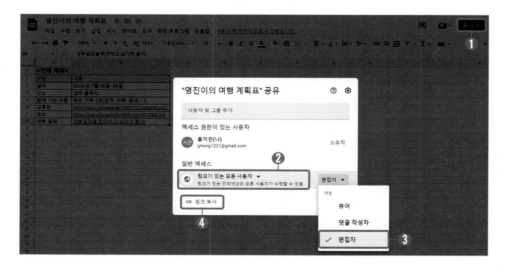

데이터 시각화, 어렵지 않아요!

데이터 시각화란 데이터 분석 결과를 쉽게 이해할 수 있도록 시각적으로 표현하고 전달하는 과정을 말합니다. 본 활동에서 지도를 통해 여행지까지의 이동 경로를 한눈에 파악할 수 있었던 것처럼 데이터 시각화는 의사결정 상황에서 보다 빠르고 정확한 판단을 할 수 있도록 도와줄 수 있습니다. 그런 의미에서 구글 스프레드시트는 데이터 분석 및 시각화에 최적화된 도구라 볼 수 있습니다. 각종 차트를 쉽게 만들고 수정할 수 있으며, 다양한 함수를 통해 손쉽게 데이터 처리를 할 수 있습니다. 또한 격자선 등을 추가해 차트를 쉽게 읽는 데에도 도움을 줄 수 있습니다.

많은 연구에서 구글 스프레드시트를 활용한 데이터 시각화 교육이 학생들의 창의성 향상에 효과가 있다고 밝혀졌습니다. 구글 스프레드시트를 활용한 데이터 시각화 경험을 한 학생들은 비슷한 데이터라도 다양한 결과를 도출하며 그 의미를 새롭게 분석해내는 경향을 보이며 창의적인 사고력이 향상되었다고 합니다. 구글 스프레드시트의 많은 다양한 기능들을 모두 살펴보지는 못했지만, 본 활동을 통해 용돈을 관리하는 프로그램을 스스로 만들어 보고, 여행 계획을 스스로 작성하며 데이터를 수집, 분석, 처리 및 시각화하는 경험은 자신의 생활을 관리하고 조직할 수 있는 힘을 키우는 데 도움이 됩니다. 앞으로도 어떤 문제를 해결할 때는 구글 스프레드시트를 활용해 문제 해결에 필요한 데이터를 수집하여 시각화해봄으로써 데이터 기반의 의사결정을 해보는 것은 어떨까요?

08

친구들과 함께 만드는 프레젠테이션

구글 프레젠테이션을 활용해 친구들과 협업하여 발표 자료를 정리하고 시각화함으로써 디지털 세상에서 다른 사람과 의사소통하는 역량을 키워 보세요.

- **난이도**
  ★★★★☆
- **소요 시간**
  30분 이상
- **학습 영역**
  디지털 의사소통 및 디자인 역량
- **준비물**
  PC 또는 노트북, 구글 계정

디지털 인재가 될 준비를 해요!

- **활동 목표** 프레젠테이션을 활용해 발표 자료 시각화 방법 알기
- **활동 약속** 친구들과 함께 만든 프레젠테이션을 사용하여 발표해 보기

성취 기준을 달성해요!

관련 교육 과정 성취 기준	[4사04-05] 사회 변화(정보화, 세계화 등)로 나타난 일상생활의 모습을 조사하고, 그 특징을 분석한다. [6국03-02] 목적이나 주제에 따라 알맞은 내용과 매체를 선정하여 글을 쓴다. [6실04-07] 소프트웨어가 적용된 사례를 찾아보고 우리 생활에 미치는 영향을 이해한다. [9정02-01] 디지털 정보의 속성과 특징을 이해하고 현실 세계에서 여러 가지 다른 형태로 표현되고 있는 자료와 정보를 디지털 형태로 표현한다.

디지털 문서 작성 능력

이 활동은 구글 프레젠테이션을 활용해 다른 사람과 협업하는 방법을 배우고 발표 자료를 시각화하며 의사소통하는 역량을 키우는 활동입니다. 구글의 프레젠테이션을 활용하면 수집한 데이터를 쉽게 정리하고 분석할 수 있고 이를 시각화함으로써 다른 사람에게 자신의 생각을 효과적으로 전달할 수 있습니다.

구글 프레젠테이션을 알아봐요! － □ ✕

01 구글 계정으로 로그인한 후 [구글앱](▥)을 클릭합니다. 스크롤을 내려 [프레젠테이션]을 찾아 클릭합니다.

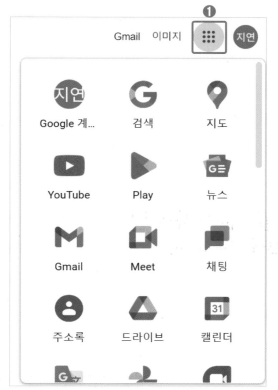 

02 프레젠테이션의 다양한 템플릿이 보입니다. 탬플릿 중 원하는 디자인이 있다면 그것을 선택해도 좋습니다. 여기서는 [+] 버튼을 눌러 새 프레젠테이션을 시작합니다.

03 프레젠테이션을 작성할 수 있는 양식을 확인할 수 있습니다.

❶ 프레젠테이션의 제목을 입력하는 곳입니다.

❷ 파일, 수정, 보기, 삽입, 서식, 슬라이드, 정렬 등 메뉴바가 있습니다.

❸ 슬라이드 작성을 빠르게 도와주는 다양한 도구가 있습니다.

❹ 슬라이드 보기로 전체 슬라이드 중 필요한 슬라이드를 빠르게 찾거나 삭제, 수정할 수 있도록 돕습니다.

❺ 실제 작성할 슬라이드 페이지입니다.

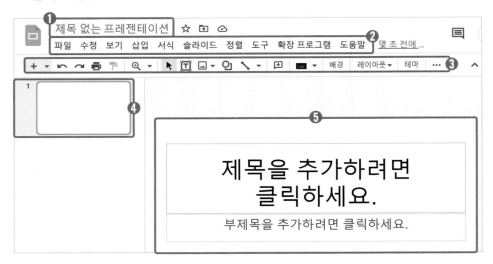

04 메뉴의 [파일]을 클릭합니다. 파일을 열거나 삭제, 저장, 공유 등의 일을 처리할 때 주로 사용합니다.

❶ 새 문서를 열거나 가져올 수 있고 사본을 만들 수 있습니다.

❷ 완성한 문서 또는 작성 중인 문서를 공유하거나 이메일로 보내고 다운로드할 수 있습니다.

❸ 프레젠테이션의 이름을 바꾸거나 드라이브에 저장하는 위치를 바꾸고 싶을 때, 파일을 삭제하고 싶을 때 사용합니다.

❹ 기타 버전 기록, 오프라인 사용 설정, 페이지 설정, 인쇄할 때 사용합니다.

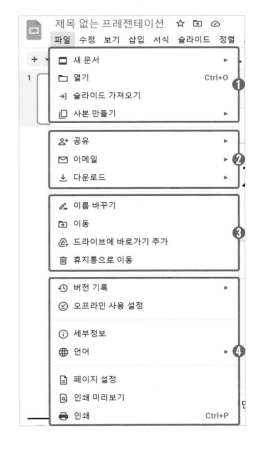

05 메뉴의 [수정]을 클릭합니다. 슬라이드에서 실행한 내용을 수정하고 싶을 때 주로 사용합니다. 단축키를 외워두면 편리합니다.

❶ 작업한 내용을 취소하거나 재실행할 때 사용합니다.

❷ 작업한 내용을 잘라내거나 복사, 붙여넣기 등을 할 때 사용합니다.

❸ 작업한 내용을 삭제하거나 찾기, 바꾸기 등을 할 때 사용합니다.

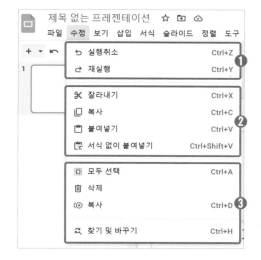

06 메뉴의 [보기]를 클릭합니다. 화면 보기에 대한 설정을 바꿀 때 주로 사용합니다.

❶ 슬라이드 쇼를 확인하거나 슬라이드 화면에 모션을 지정하고 싶을 때, 테마 만들기 도구 등을 활용하고 싶을 때 사용합니다.

❷ 슬라이드를 바둑판 형태로 보고 싶을 때, 슬라이드 가로세로의 눈금자를 표시하고 싶을 때 사용합니다.

❸ 가로세로 안내선을 표시하거나 추가하고 싶을 때, 각 요소 간 간격을 맞춰야 할 때 사용합니다.

❹ 발표자 노트, 슬라이드 보기, 댓글을 보이게 하거나 숨기고 싶을 때 사용합니다.

❺ 화면을 확대하거나 축소하고 싶을 때, 전체 화면으로 보고 싶을 때 사용합니다.

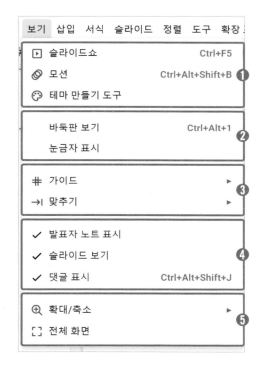

TIP

테마 만들기 : 슬라이드의 색상, 글꼴, 배경 및 레이아웃을 미리 설정하는 것입니다.

07 메뉴의 [삽입]을 클릭합니다. 작업에 필요한 것을 삽입할 때 주로 사용합니다.

❶ 이미지, 텍스트 상자, 동영상, 도형, 표, 차트, Word Art, 선 등을 삽입할 때 사용합니다.

❷ 특수문자, 애니메이션, 링크, 댓글, 새 슬라이드, 슬라이드 번호 등을 삽입하고 싶을 때 사용합니다.

08 메뉴의 [서식]을 클릭합니다. 서식을 변경하거나 지정해 주고 싶을 때 주로 사용합니다.

❶ 텍스트의 설정을 변경하거나 정렬 및 들여쓰기를 하고 싶을 때, 줄 및 단락의 간격을 설정하거나 글머리기호 및 번호를 매기고 싶을 때 사용합니다.

❷ 표나 이미지의 서식을 변경하고 싶을 때, 테두리 및 선의 설정을 변경하고 싶을 때 사용합니다.

❸ 서식의 옵션을 화면에서 확인 및 수정하고 싶을 때나 서식을 지울 때 사용합니다.

09 메뉴의 [슬라이드]를 클릭합니다. 슬라이드를 복사, 삭제할 때 레이아웃, 테마를 변경할 때 주로 사용합니다.

❶ 새 슬라이드의 삽입, 복사, 삭제, 건너뛰기 기능을 사용하고 싶을 때, 슬라이드 이동 시 사용합니다.

❷ 배경 변경, 레이아웃 적용, 모션을 사용해 슬라이드의 화면 전환 효과를 줄 때 사용합니다.

❸ 슬라이드 디자인 테마의 수정 및 변경이 필요할 때 사용합니다.

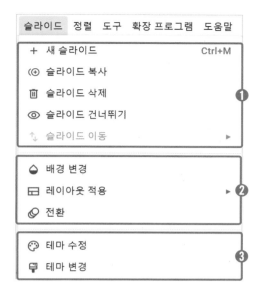

10 메뉴의 [정렬]을 클릭합니다. 슬라이드에 추가된 여러 요소들을 정렬하거나 그룹화할 때 사용합니다.

❶ 슬라이드에 추가된 요소들 간 순서, 정렬, 배치, 회전 등이 필요할 때 사용합니다.

❷ 슬라이드에 추가된 요소들을 그룹화하거나 그룹해제할 때 사용합니다.

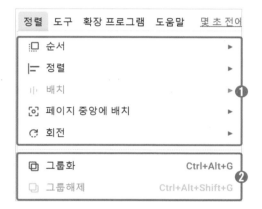

11 메뉴의 [도구]를 클릭합니다. 프레젠테이션에 도움이 되는 기능들로 구성되어 있습니다.

❶ 맞춤법 검사, 사전, Q&A 기록 등을 활용하고 싶을 때 사용합니다.

❷ 발표자 노트 음성 입력, 댓글 등의 알림 설정, 환경설정이 필요할 때 사용합니다.

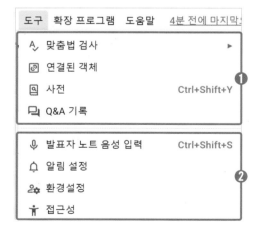

12 확장 프로그램은 다양한 앱들을 설치해 프레젠테이션의 기능을 확장하고 싶을 때 사용합니다. 자세한 내용은 활동을 통해 알아보도록 합니다.

프레젠테이션을 작성해요!   − □ ✕

01 [구글앱](⊞)을 선택해 프레젠테이션으로 들어간 후 [+]를 눌러 새 프레젠테이션을 시작합니다.

02 구글 프레젠테이션의 제목에 '00모둠 발표 자료'를 입력합니다. 예시에서는 '최강 1모둠 발표 자료'라고 입력하였습니다.

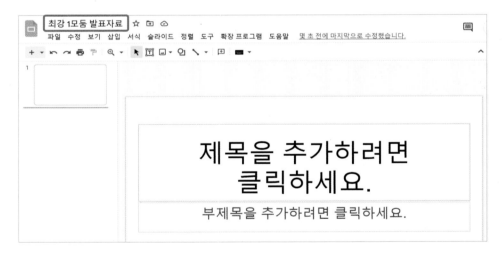

03 오른쪽 화면에 나타나는 슬라이드 테마 중 원하는 테마를 선택합니다.

04 제목 슬라이드에 '사회 변화로 나타난 일상 생활의 모습'을 입력합니다. 아래에는 모둠과 모둠원들의 이름을 입력하고 도구 상자에서 글자의 모양, 색깔 등을 바꿔 줍니다.

05 [삽입]-[새 슬라이드]를 선택하거나 도구의 제일 왼쪽에 있는 [+]를 누르면 새 슬라이드가 추가됩니다. 추가된 새 슬라이드의 레이아웃을 정하기 위해 도구의 [레이아웃]-[제목 및 본문]을 차례대로 선택합니다.

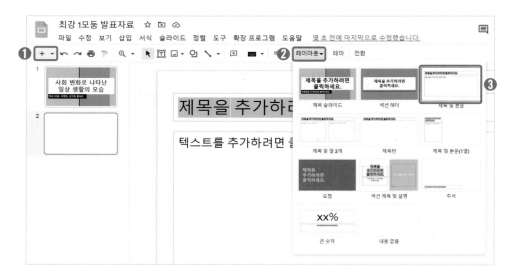

06 제목 및 본문 슬라이드의 제목에 '정보화 사회의 다양한 모습'을 입력한 뒤 [삽입]-[이미지]-[웹 검색]을 차례대로 선택합니다.

07 오른쪽 상단의 검색창에 정보화 사회를 나타내는 단어를 입력해 이미지 데이터를 수집합니다. 여기서는 '인공지능 로봇'을 검색했습니다.

TIP

구글에서 이미지를 검색할 때 저작권이 없는 이미지를 검색하고 싶다면 이미지를 검색한 후 [도구]-[사용권]-[크리에이티브 커먼즈 라이선스]를 차례대로 선택해 검색합니다. 크리에이티브 커먼즈 라이선스는 창작자가 정해놓은 조건을 지키면 해당 이미지를 얼마든지 사용해도 된다는 의미입니다.

08 삽입한 이미지 데이터를 오른쪽에 배치하고 왼쪽에는 텍스트를 예시와 같이 입력합니다.

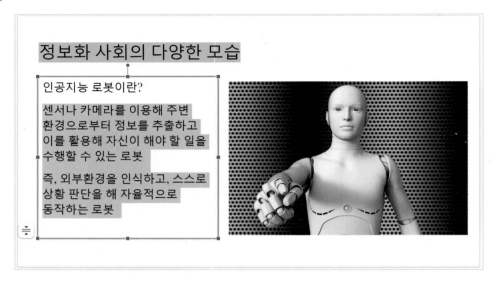

09 텍스트 속의 소제목(인공지능 로봇이란?)을 선택한 상태에서 글자는 [진하게], 글자의 크기는 [20], 글자의 색깔은 [파란색]으로 정합니다. 소제목 아래에 적힌 글자들을 모두 선택한 뒤 글머리 기호를 원하는 모양으로 정해 줍니다.

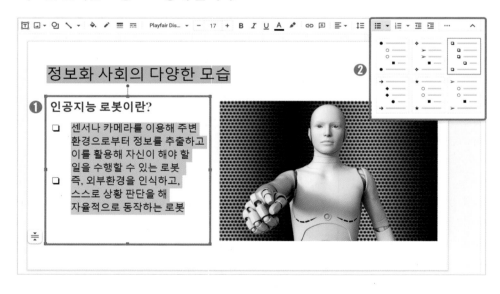

10 완성한 슬라이드에 마우스 커서를 옮긴 뒤 오른쪽 버튼을 누르면 [슬라이드 복사]를 할 수 있습니다. 2번 슬라이드를 2개 더 복사해 똑같은 슬라이드가 3개가 되도록 합니다.

11 도구의 제일 왼쪽에 있는 [+]를 눌러 새 슬라이드를 다시 하나 더 추가한 뒤 레이아웃을 [제목 및 본문]으로 선택합니다. 제목에 '정보화로 달라진 학교 생활의 모습'을 입력하고 제목의 배경색을 노란색에서 [민트색]으로 바꿉니다.

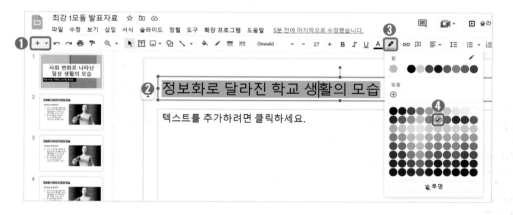

12 [삽입]-[동영상]을 차례대로 선택합니다.

13 동영상 삽입에서 [검색] 탭을 선택한 뒤 '디지털 교과서 활용 가이드'를 검색하여 [선택]해 추가합니다.

14 추가한 동영상은 슬라이드의 왼쪽에 위치하도록 하고 텍스트는 오른쪽에 입력하도록 합니다. 오른쪽 예시처럼 텍스트를 입력하고 텍스트 속의 소제목(디지털 교과서를 활용한 수업)을 선택한 상태에서 글자는 [진하게], 글자 크기는 [20], 글자 색깔은 [보라색]으로 설정합니다. 소제목 아래에 적힌 글자들을 모두 선택한 뒤 글머리 기호를 원하는 모양으로 정해 줍니다.

15 완성한 슬라이드에 마우스 커서를 놓은 뒤 오른쪽 버튼을 눌러 [슬라이드 복사]를 선택해 인공지능 로봇 슬라이드와 마찬가지로 이 슬라이드도 3개가 만들어지도록 합니다.

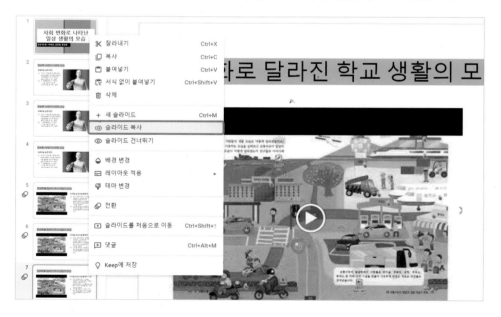

16 여기까지 완성한 상태에서 화면의 오른쪽 상단에 있는 [공유] 버튼을 눌러 [링크가 있는 모든 사용자]에 [편집자] 권한을 준 상태에서 [링크 복사]를 하여 모둠 친구들에게 공유합니다. 이미지 데이터를 찾아 정보화 사회의 다양한 모습에 대해 적는 3, 4페이지와 정보화로 달라진 학교 생활의 모습에 대해 적는 7, 8페이지는 모둠 친구들이 직접 조사한 내용으로 입력하도록 합니다.

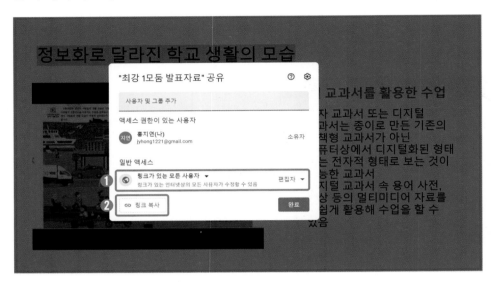

17 [+]를 눌러 새 슬라이드를 추가합니다. 추가된 새 슬라이드의 레이아웃을 정하기 위해 도구에서 [레이아웃]을 선택한 다음 [요점]을 클릭합니다.

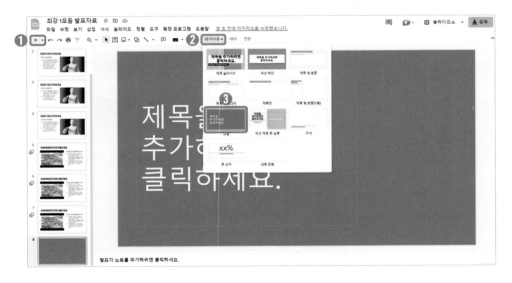

18 배경색을 바꾸고 싶다면 도구의 [배경]을 클릭한 뒤 원하는 색깔을 선택합니다.

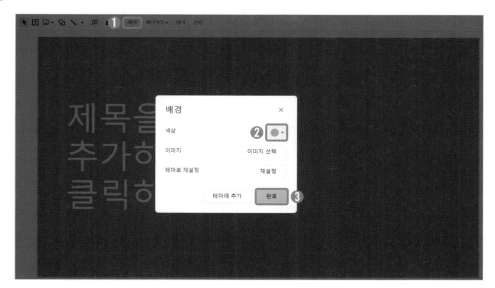

19 요점 슬라이드의 예시처럼 텍스트를 입력하고 텍스트 속의 소제목(정보화 사회로 발전하면서 변화된 일상 생활의 모습)을 선택한 상태에서 글자는 [진하게], 글자 크기는 [33], 글자 색깔은 [검은색]으로 정합니다. 소제목 아래에 적힌 글자들을 모두 선택한 뒤 글자 크기는 [25], 글머리 기호를 원하는 모양으로 정해 줍니다.

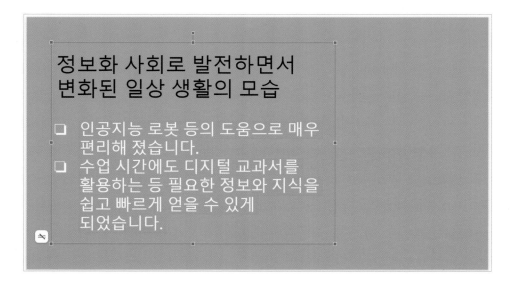

20 모둠 친구들과 협업하여 전체 슬라이드의 내용 입력이 완료되면 슬라이드에 효과를 넣기 위해 [보기]-[모션]을 차례대로 선택합니다. 오른쪽 화면에 모션을 선택할 수 있는 화면이 나타나면 [뒤집기]를 [모든 슬라이드에 적용]하도록 선택해 줍니다.

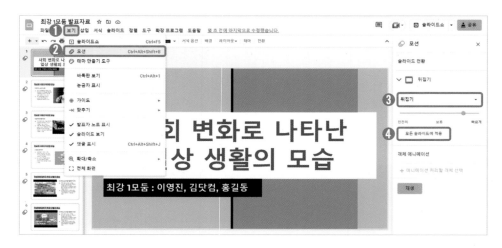

21 모션까지 넣었다면 [보기]-[슬라이드쇼]를 선택해 슬라이드에 이상이 없는지 확인합니다.

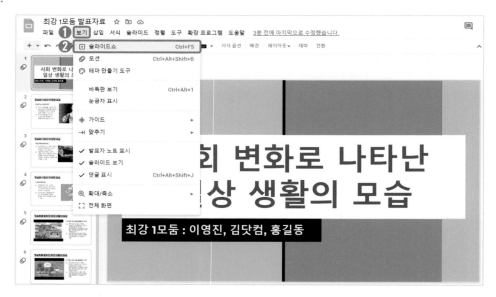

TIP

발표 자료를 만들 때 활용하는 이미지나 영상 데이터의 저작권을 항상 확인합니다. 저작권이 없는 자료를 사용하거나 교육의 목적으로 사용하더라도 저작권이 있는 자료라면 자료의 출처를 반드시 밝혀야 합니다.

22 [삽입]-[새 슬라이드]를 선택합니다. 추가된 새 슬라이드의 레이아웃을 정하기 위해 도구의 [레이아웃]에서 [요점]을 차례대로 선택합니다. 배경색을 바꾼 뒤 '감사합니다'를 입력합니다.

23 [보기]-[바둑판 보기]를 눌러 전체 슬라이드에 이상이 없는지 확인합니다.

협업을 위해 필요한 것은?

협력적 문제해결력(Collaborative Problem Solving competency)이란 둘 이상의 주체가 해결책을 찾는데 필요한 이해와 노력을 공유하고 해결책에 도달하기 위한 지식, 기능, 노력을 모아 문제를 해결하려 시도하는 과정에 효과적으로 참여할 수 있는 역량을 의미합니다. 협력적 문제해결력을 키우기 위해서는 무엇보다 다른 사람과의 협력에 긍정적인 태도를 가져야 하며 관계를 존중하는 태도, 팀워크를 중시하는 태도 등이 요구됩니다. 디지털 사회에서는 협력적 문제해결력이 보다 효과적으로 발현될 수 있도록 도와주는 디지털 도구의 활용 역시 중요한 부분이라 할 수 있습니다.

예를 들어 함께 발표 자료를 만들 때 온라인 기반이 아니라면 각자 작업한 내용을 다시 합치고 수정하는 번거로운 과정을 거쳐야 하거나 소수의 사람이 집중적으로 작업을 해야 하는 상황이 발생해 사실상 협업이 이루어지지 않을 수 있습니다. 구글의 프레젠테이션과 같은 도구는 협업을 통한 문제해결을 보다 손쉽게 할 수 있도록 도와줍니다. 온라인 기반이므로 언제 어디서든 공유 링크만 있으면 함께 작업을 할 수 있고, 공유와 수정 등이 편리합니다. 본 활동에서는 어느 정도 양식을 갖춘 후 친구들에게 공유하는 형태로 진행을 했지만 실제 작업에서는 처음부터 공유한 문서 위에 다 함께 작업을 해나가도 좋습니다. 이처럼 디지털 사회에서 디지털 기기를 활용한 협업과 이를 통한 효과적인 문제해결은 미래 사회에 꼭 필요한 역량임을 명심하세요!

프레젠테이션으로 만드는 퀴즈쇼

구글 프레젠테이션을 활용해 친구들과 함께 풀어 볼 퀴즈를 정리하고 시각화함으로써 디지털 세상에서 다른 사람과 의사소통하고 디자인하는 역량을 키워 보세요.

☐ **난이도**
★★★★☆

☐ **소요 시간**
30분 이상

☐ **학습 영역**
디지털 의사소통
및 디자인 역량

☐ **준비물**
PC 또는 노트북,
구글 계정

디지털 인재가 될 준비를 해요!　　　　　　　　　　－ ☐ ✕

● **활동 목표** 프레젠테이션을 활용해 퀴즈쇼 프로그램 만들기
● **활동 약속** 스스로 퀴즈 문제를 만들어 나만의 퀴즈쇼 완성하기

성취 기준을 달성해요!　　　　　　　　　　　　　－ ☐ ✕

관련 교육 과정 성취 기준	[6국03-02] 목적이나 주제에 따라 알맞은 내용과 매체를 선정하여 글을 쓴다. [6미02-03] 다양한 자료를 활용하여 아이디어와 관련된 표현 내용을 구체화할 수 있다. [6실04-07] 소프트웨어가 적용된 사례를 찾아보고 우리 생활에 미치는 영향을 이해한다. [9정02-01] 디지털 정보의 속성과 특징을 이해하고 현실 세계에서 여러 가지 다른 형태로 표현되고 있는 자료와 정보를 디지털 형태로 표현한다. [9정02-02] 인터넷, 응용 소프트웨어 등을 활용하여 문제 해결을 위한 자료를 수집하고 관리한다.

📝 디지털 문서 작성 능력

이 활동은 구글 프레젠테이션을 활용해 교과와 관련된 데이터로 퀴즈쇼를 만들고 친구들과 즐겁게 풀어보는 활동입니다. 구글의 프레젠테이션을 활용하면 교과의 다양한 지식을 손쉽게 정리하고 시각화할 수 있을 뿐 아니라 보기 좋은 프레젠테이션을 만드는 과정에서 디자인 역량도 함양할 수 있습니다.

다음 물음에 답하며 퀴즈 문제 자료를 만들기 위해 생각해야 할 것이 무엇인지 정리해요.

01: 반 친구들에게 어떤 교과의 퀴즈 문제를 내고 싶나요?

02: 총 몇 문제를 내고 싶나요?

03: 퀴즈 문제를 내고 친구가 맞혔을 때 어떤 반응이 보이도록 할 건가요?

04: 퀴즈 문제를 내고 친구가 맞히지 못했을 때 어떤 반응이 보이도록 할 건가요?

05: 내고 싶은 퀴즈 문제의 예시를 만들어 봅시다.

프레젠테이션을 작성해요!   — ⟳ ✕

01 구글 계정으로 로그인한 후 [구글앱](⦙)-[프레젠테이션]을 차례대로 선택합니다. 이후 [+]를 눌러 새 프레젠테이션을 시작합니다.

02 구글 프레젠테이션의 제목을 '○○이의 퀴즈쇼'로 입력합니다.

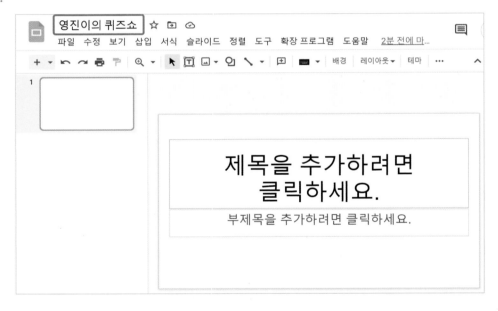

03 : 오른쪽 화면에 나타나는 슬라이드 테마 중 원하는 테마를 선택합니다.

04 : 제목 슬라이드에 '영진이의 퀴즈쇼'라고 입력합니다. 부제목에는 자신의 이름을 입력합니다. [확장 프로그램]-[부가기능]을 차례대로 선택한 뒤 [부가기능 설치하기]를 클릭합니다.

05 : 검색창에 'Unsplash Images'를 검색한 후 목록에서 [Unsplash Images]를 클릭합니다.

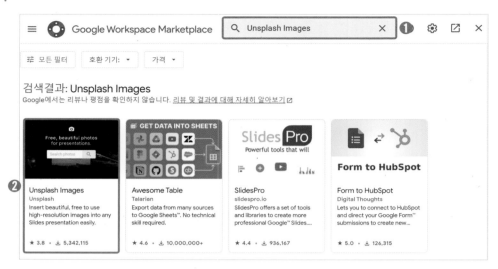

06 : [설치]를 클릭합니다. Unsplash Images는 저작권 없는 무료 이미지를 사용할 수 있는 부가기능이므로 이미지가 필요할 때 활용하도록 합니다.

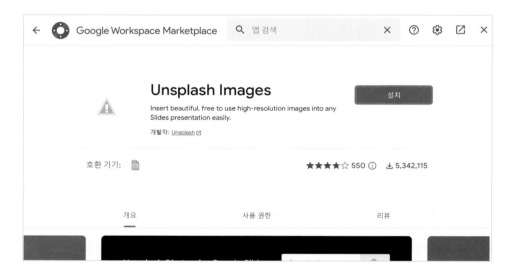

07 개인정보 제공 동의를 위해 자신의 계정을 확인하고 [허용]을 눌러 동의를 표현합니다.

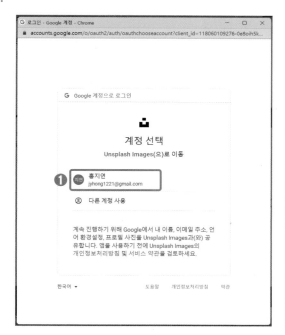 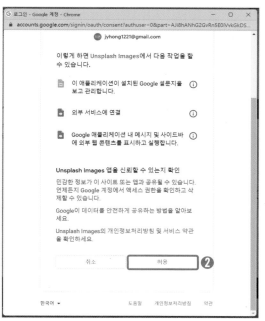

08 설치가 완료되었다는 메시지가 나오면 [확장 프로그램]을 클릭한 후 [Unsplash Images]-[Insert an Unsplash Photo]를 차례대로 선택합니다.

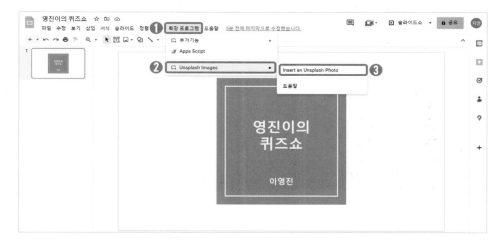

09 화면 오른쪽에 저작권 없는 이미지를 사용할 수 있는 창이 생깁니다. 검색창에서 'quiz'를 검색해 마음에 드는 이미지를 추가합니다.

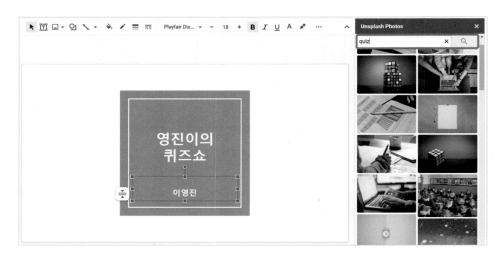

10 추가된 이미지를 선택한 상태에서 마우스 오른쪽 버튼을 누르고 [순서]-[맨 뒤로 보내기]를 차례 대로 선택합니다.

11 제목과 이름의 위치를 적절하게 옮겨 줍니다.

12 도구의 제일 왼쪽에 있는 [+]를 눌러 새 슬라이드를 추가합니다. 추가된 새 슬라이드의 레이아웃을 정하기 위해 도구의 [레이아웃]을 선택한 후 [섹션 제목 및 설명]을 클릭합니다.

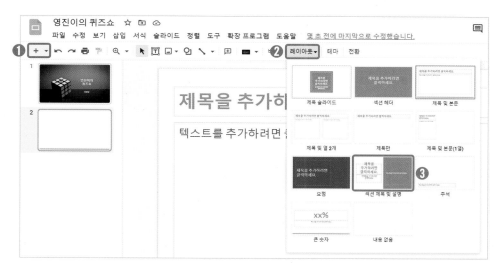

13 수학 퀴즈의 예시입니다. 'Quiz1. 다음 그래프의 이름은 무엇인가요?'를 입력하고 도구에서 [이미지 삽입] 아이콘을 클릭합니다. 퀴즈에 필요한 이미지는 직접 인터넷에서 검색을 통해 수집하거나 Unsplash Images 부가기능을 활용합니다. 예시에서는 원하는 이미지가 'Unsplash Images'에 없어 국가통계포털에서 찾은 그래프 이미지 데이터를 가지고 왔습니다.

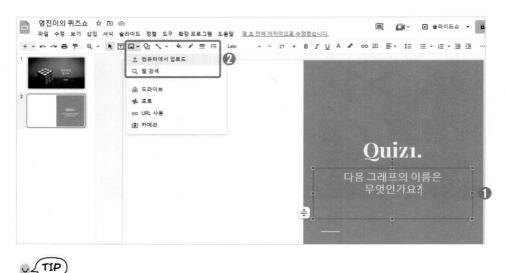

TIP

저작권 없는 이미지가 아닌 경우 반드시 어디서 가지고 온 이미지인지 출처를 밝혀 줍니다.

14 추가한 그래프 이미지를 적절하게 위치시킵니다.

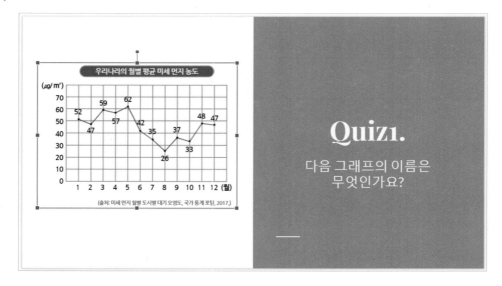

15 [삽입]에서 [Word Art]를 선택한 후 나타나는 창에 '(1) 꺾은선 그래프'를 입력한 다음 Enter 를 누릅니다. 한 번 더 [Word Art]를 선택한 후 나타나는 창에 '(2) 그림 그래프'를 입력한 다음 Enter 를 누릅니다.

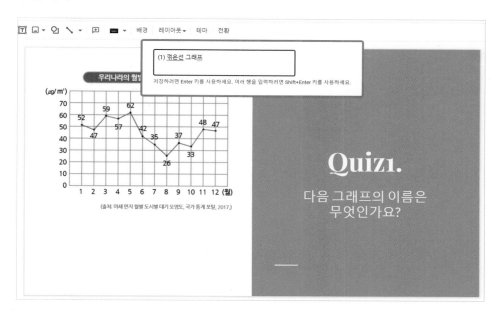

16 추가된 2개의 Word Art를 선택한 상태에서 [서식]-[서식 옵션]을 차례대로 클릭합니다. 오른쪽 창에 서식 옵션이 나타나면 [그림자]에 체크를 하고 글자의 채우기 색상과 테두리 색상을 각각 [하늘색]과 [파란색]으로 설정합니다. 본인이 원하는 색깔을 선택해도 됩니다.

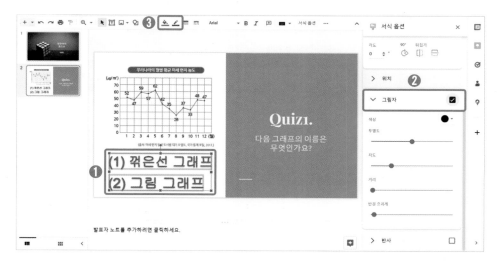

17 퀴즈 문제의 정답을 모두 맞혔을 때 나타날 슬라이드를 추가합니다. [+]를 선택해 새 슬라이드를 추가한 후 [Unsplash Images]에서 'PARTY'를 검색해 적절한 이미지를 추가합니다.

18 마지막 퀴즈 문제의 정답을 맞히지 못했을 때 나타날 슬라이드를 추가합니다. [Unsplash Images]에서 'WRONG'을 검색해 적절한 이미지를 추가합니다.

19 퀴즈 문제를 낸 2번 슬라이드를 복사해 문제를 계속해서 추가합니다.

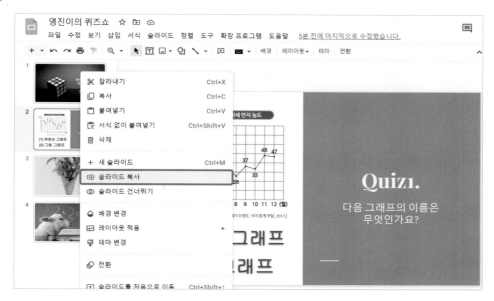

20 같은 방법으로 퀴즈 문제를 만듭니다. 예시를 참고해 다양한 과목의 퀴즈 문제를 내도록 합니다.

21 다음은 과학 퀴즈 문제 예시입니다. 예시를 참고해 다양한 과목의 퀴즈 문제를 내도록 합니다.

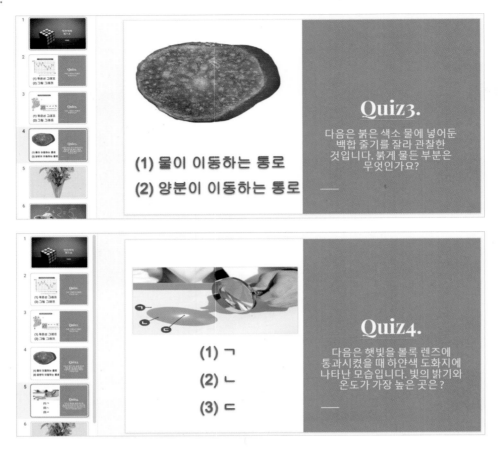

22 이미지 없이 텍스트로만 퀴즈 문제를 내고 싶다면 [삽입]-[텍스트 상자]를 차례대로 선택합니다.

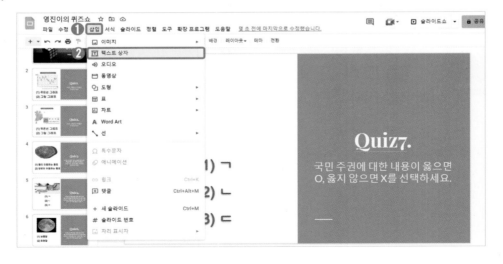

23 슬라이드 안을 클릭한 후 텍스트 상자에 문제를 입력하고 글자의 크기, 진하기, 텍스트 상자에 색 채우기 등을 설정하여 문제가 잘 보이도록 합니다. 예시는 각각 사회와 도덕 문제로 O, X 중 선택하도록 하였습니다.

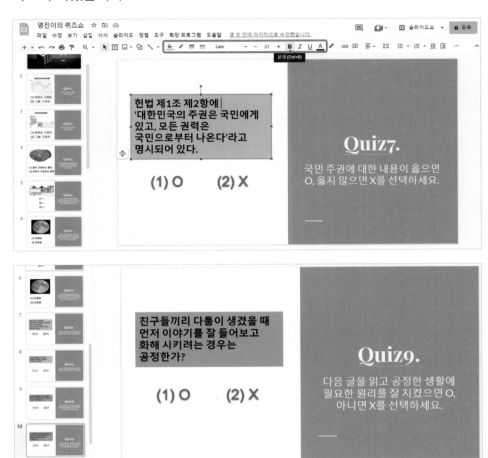

24 문제를 다 냈다면 문제 슬라이드 처음으로 돌아가 정답에 해당하는 Word Art를 선택한 후 [삽입]-[링크]를 차례대로 선택합니다. 링크를 선택하면 나타나는 창에서 [다음 슬라이드]를 클릭해 문제를 맞혔을 경우 다음 문제로 넘어가게 합니다. 모든 퀴즈 문제 슬라이드에서 정답을 맞혔을 경우에 다음 슬라이드로 넘어가게 합니다.

25 정답이 아닌 Word Art를 선택한 후 [삽입]-[링크]를 차례대로 선택한 다음 [슬라이드 2 : Quiz1] 즉, 오답을 맞혔을 때 첫 번째 퀴즈 문제 슬라이드로 연결되도록 합니다. 모든 퀴즈 문제 슬라이드에서 오답을 맞혔을 경우에 첫 번째 퀴즈 문제 슬라이드로 연결되도록 합니다.

> **TIP**
> 슬라이드 목록이 다 보이지 않는다면 [이 프레젠테이션의 슬라이드]를 선택하면 됩니다.

26 마지막 문제에서는 정답을 맞혔을 경우에는 동일하게 [다음 슬라이드]로 링크를 연결하고, 오답일 경우에는 [슬라이드 13(WRONG)]으로 연결되도록 합니다.

27 [보기]-[슬라이드 쇼]를 차례대로 선택해 퀴즈 문제에 이상이 없는지, 정답을 맞혔을 때와 오답을 맞혔을 때 바르게 이동하는지 확인합니다.

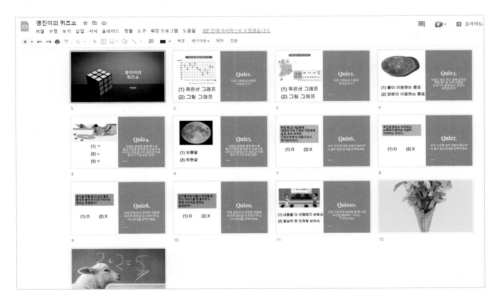

28 퀴즈 실행에 이상이 없다면 친구들에게 공유해 봅시다. 공유 권한을 [뷰어]로 설정해 친구들이 퀴즈 프레젠테이션을 임의로 수정하거나 삭제할 수 없도록 합니다.

프레젠테이션에 파워를 더하는 다양한 부가기능

구글의 문서, 스프레드시트, 프레젠테이션 등은 기본적으로 가지고 있는 다양한 기능들 외에도 부가기능을 설치해 더욱 강력한 디지털 도구로써 사용자들의 작업을 도와줄 수 있습니다. 본 활동에서는 고화질의 사진을 저작권 걱정 없이 사용하는 Unsplash Images라는 부가기능을 설치해 사용하였습니다. 이 밖에도 프레젠테이션에 활용할 수 있는 매우 다양한 부가기능들이 있습니다. 예를 들어 diagrams라는 부가기능은 관계나 수량 등을 나타낸 도표를 쉽게 그릴 수 있도록 도와주는 다이어그램 작성 앱으로써 프레젠테이션에 설치해 사용할 수 있습니다.

프레젠테이션을 작성하다 보면 수학과 관련해 수식을 작성하는 경우가 있는데 여러 가지 수학적 기호를 입력하기가 쉽지 않습니다. 이럴 때는 Math Equations라는 부가기능을 설치하면 수식을 보다 쉽게 작성할 수 있습니다. Slides Background 부가기능은 슬라이드의 배경을 아름답게 디자인할 수 있도록 도와주고, Free Icons 부가기능은 무료 아이콘이 필요할 때 사용할 수 있는 부가기능입니다. 디자인이 필요한 경우에 이런 부가기능을 활용하면 보다 창의적이고 매력적인 프레젠테이션을 완성할 수 있습니다. 다양한 부가기능을 살펴보고 나에게 꼭 필요한 부가기능을 설치해 활용해 보는 것은 어떨까요?

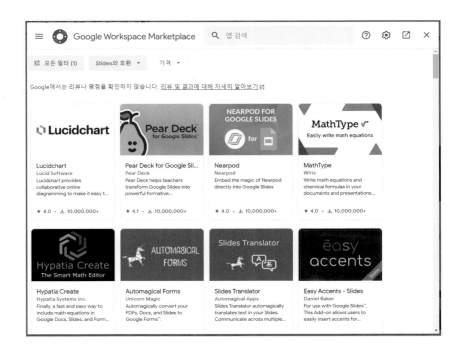

구글 AI로 디자인해요!

디자인과 관련된 구글의 다양한 AI EDU 콘텐츠를 알아보고 자신만의 이미지를 만들어
프레젠테이션 작업에 활용해 보세요.

☐ **난이도**
★★★☆☆

☐ **소요 시간**
20분 이상

☐ **학습 영역**
디지털 의사소통
및 디자인 역량

☐ **준비물**
PC 또는 노트북,
구글 계정

디지털 인재가 될 준비를 해요!　　　　　　　　　　　－ ☐ ✕

● **활동 목표** 디자인과 관련된 구글 AI EDU 콘텐츠 활용 방법 알기
● **활동 약속** AI로 완성한 이미지를 프레젠테이션에 활용하기

성취 기준을 달성해요!　　　　　　　　　　　　　　　－ ☐ ✕

관련 교육 과정 성취 기준	[6미01-05] 미술 활동에 타 교과의 내용, 방법 등을 활용할 수 있다. [6국03-02] 목적이나 주제에 따라 알맞은 내용과 매체를 선정하여 글을 쓴다. [6실04-07] 소프트웨어가 적용된 사례를 찾아보고 우리 생활에 미치는 영향을 이해한다. [9정02-01] 디지털 정보의 속성과 특징을 이해하고 현실 세계에서 여러 가지 다른 형태로 표현되고 있 　　　　　는 자료와 정보를 디지털 형태로 표현한다. [초중등인공지능 교육내용 기준안] 초등5-6학년>인공지능의 사회적 영향>인공지능과 함께하는 삶

 디지털 문서 작성 능력
이 활동은 디자인과 관련된 구글의 AI EDU 콘텐츠를 활용해 나만의 이미지를 만들고 이를 프레젠테이션 작업에 연계
해 보는 활동입니다. 구글의 AI EDU 콘텐츠를 활용하면 인공지능과의 협업을 통해 이미지를 만들 수 있고, 완성한 이
미지를 다운로드하여 다양한 분야에서 사용할 수 있습니다. 이를 통해 인공지능과의 협업을 경험하고 디자인하는 역
량을 키워봅니다.

프레젠테이션 자료를 만들거나 문서를 작성할 때 자신이 직접 만든 이미지를 활용하고 싶다면 구글의 다양한 AI EDU 콘텐츠를 사용합니다.

01 오토드로우 https://www.autodraw.com/

그림판에 그림을 그리면 머신러닝 기술이 점, 선, 면 등을 인식해 그림을 분석하여 데이터베이스(DB)에 있는 작가의 작품 중 가장 비슷한 이미지를 보여 주는 서비스입니다. 즉, AI가 사용자의 생각을 인지하고 추측하여 그림을 제안하는 것으로 AI의 도움을 받아 누구나 멋진 그림을 완성할 수 있습니다.

02 아트 컬러링 북

https://artsandculture.google.com/experiment/art-coloring-book/1QGsh6vSfAQBgQ?hl=ko

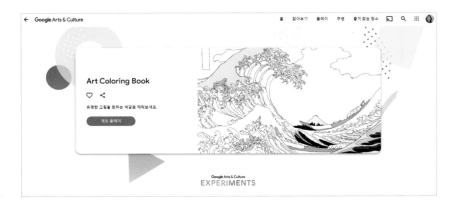

기존 유명 화가의 작품들을 컬러링 북으로 바꾸어 자신만의 색깔로 재탄생시킬 수 있는 서비스입니다. 작품을 완성하고 다운로드받아 프레젠테이션 등의 배경으로 활용할 수 있습니다.

01 오토드로우에 접속한 뒤 왼쪽에 있는 [오토드로우 펜]을 클릭합니다.

02 그림판에 그림을 그리면 화면 상단에 인공지능이 여러 가지 그림을 보여 줍니다. 사용자가 그리는 그림을 인식해 어떤 그림인지를 추측해 보여 주는 것입니다.

03 왼쪽에 있는 도구 중 [색깔 팔레트]를 클릭해 원하는 색깔로 그림 선을 바꾸거나 채우기 도구를 활용해 그림을 색칠합니다.

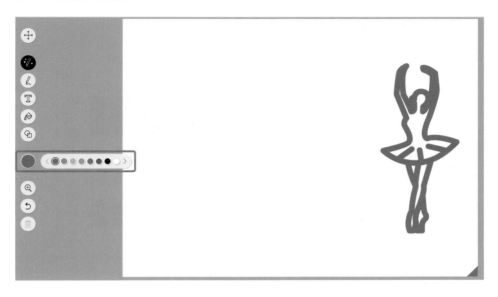

04 원하는 그림이 완성되면 ≡ AutoDraw 에서 글자 왼쪽에 있는 [메뉴]를 클릭한 뒤 [Download]를 선택합니다.

05 새 프레젠테이션을 엽니다.

06 [삽입]-[이미지]-[컴퓨터에서 업로드]를 차례대로 선택한 뒤 다운로드한 오토드로우 파일을 엽니다.

07 삽입한 이미지를 적절한 위치에 놓고 제목을 만들어 프레젠테이션의 표지를 완성합니다.

08 이번에는 구글의 아트 컬러링 북 사이트에 접속한 뒤 [게임 플레이]를 누릅니다.

09 화면에 보이는 그림 중 원하는 그림을 선택합니다.

10 화면 아래에 있는 팔레트 중 마음에 드는 색깔로 그림을 완성합니다.

11 색깔을 선택하면 인공지능이 음영, 질감 등을 고려해 멋진 작품으로 완성시켜 줍니다.

12 완성된 작품을 다운로드할 수 있습니다.

13 새 프레젠테이션을 엽니다.

14 도구에서 [배경]을 선택한 뒤 [이미지 선택] 버튼을 누릅니다.

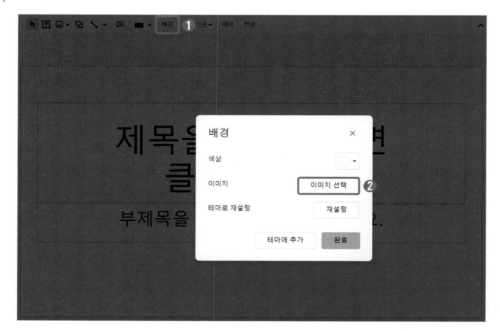

15 [업로드] 버튼을 누른 뒤 구글 아트 컬러링 북에서 다운로드한 이미지를 업로드합니다.

16 이미지가 배경으로 삽입되면 프레젠테이션의 제목과 이름을 입력합니다.

구글의 AI EDU 콘텐츠로 인공지능 알기

구글 AI EDU 콘텐츠는 구글에서 개발한 다양한 인공지능 도구를 활용해 교육적으로 활용할 수 있는 프로그램을 의미합니다. 본 활동에서 소개된 오토드로우나 아트 컬러링 북 외에도 다양한 구글 AI EDU 콘텐츠들이 있습니다. 예를 들어 구글의 Scroobly는 사람의 동작을 인식해 애니메이션으로 만들어 주는 사이트입니다. 자바스크립트 텐서플로의 Facemesh와 Posenet 머신러닝 모델을 이용하여 만들어졌으며 웹캠을 통해 사용자의 움직임을 인식하고 매핑하여 살아 있는 애니메이션을 만들어 줍니다.

Giorgio Cam은 카메라를 활용해 사물을 인식하고, 인식한 사물의 단어를 이용해 음악을 만드는 사이트입니다. 이 역시 구글이 개발 중인 인공지능 실험 중 하나로 구글의 이미지 인식 기술, 클라우드 비전 API와 오픈소스 음성 합성 시스템 MaryTTS, 웹 오디오 API를 결합해 만들어졌습니다. 구글의 다양한 AI EDU 콘텐츠를 체험하며 디지털 사회에 꼭 필요한 인공지능에 대해 이해해보는 것은 어떨까요?